U0502314

Notes on Military

西欧军事
观察笔记

Observations

in Western Europe

李长庚————著

中国出版集团　现代出版社

图书在版编目（ＣＩＰ）数据

西欧军事观察笔记 / 李长庚著. -- 北京：现代出
版社，2024.4
ISBN 978-7-5231-0761-4

Ⅰ．①西… Ⅱ．①李… Ⅲ．①军事－研究－西欧
Ⅳ．①E56

中国国家版本馆CIP数据核字(2024)第041613号

著　　者	李长庚	
策划编辑	张　霆	
责任编辑	窦艳秋	
特约编辑	邓　翃　张　瑾	

出 版 人	乔先彪
出版发行	现代出版社
地　　址	北京市安定门外安华里504号
邮政编码	100011
电　　话	(010) 64267325
传　　真	(010) 64245264
网　　址	www.1980xd.com
印　　刷	北京飞帆印刷有限公司
开　　本	710mm×1000mm　1/16
印　　张	18.5
字　　数	227千字
版　　次	2024年4月第1版　2024年4月第1次印刷
书　　号	ISBN 978-7-5231-0761-4
定　　价	58.00元

版权所有，翻印必究；未经许可，不得转载

自　序

　　随着信息技术、人工智能等前沿科技的飞速发展，战争形态正在发生着深刻变化，信息化战争方兴未艾，智能化战争、生物化战争又扑面而来。在此背景下，如何透视战争？如何准备战争？成为一个必须回答的时代课题。在专司主营的过程中，经常有人问我，"你在国外留过学，外军有什么好的做法值得我们借鉴？"是呀，他山之石，可以攻玉。在法国和比利时两年多的军事留学生活，那色彩斑斓的一幕幕，那些日日夜夜的紧张与欢乐，时不时地撞击着我的心，成为我取之不尽、用之不竭的人生财富。对我而言，留学经历启动了一种新的思维、学习和探索的方式，使我看待事物的角度和方式都与以前不同，这是一种潜移默化的、长期的影响。我认为，真正能够经久不衰的，并不完全是课程中学到的学术性知识和技能，恰恰是课程以外带给人的种种体验和感悟。

　　留学的意义在于吸收和交流。国防和军队改革发展需要"博采众长、兼收并蓄，善于学习借鉴外军有益经验"。在战区紧张繁忙的工作之余，我一边梳理沉淀在国外学习的成果，一边关注着法国、比利时军队发展的新动向。近年来，出版了《战区心理战概论》，在《国防大学学报》《解放军报》等报刊先后发表《走进比利时战争学校》《比利时皇家高级参谋学院管窥》《点击法国军事教育》《在域外感受祖国变化》等文章，但由于篇幅所限，以往的介绍都是简要的和片面的。因此，不少亲朋好友建议我专门写一本书，详细地介绍法国和比利时军事的相关情况，以及在国外期间所发生的趣闻逸事等。现在，我向读者奉献的这本《西欧军事观察笔记》，既是我长期跟踪研究法国、比利时等西欧军队的最新成果，也可以说是我在战区这所大"学校"里，即将毕业时的"毕业论文"。此刻，不仅有完成一个课题的轻松释然，更为重要的是，诚心期望这个孕育了多年的"果实"，能够对完善我军改革和发展起到一定的促进作用，为实现习主席提出的强军目标尽到一份责任，贡献一分力量。

全书共分为十二章，所记述的内容都是我在留学期间的真情实感和回国以后有关启示思考，纪实性、知识性、趣味性与思想性融为一体，部分文章已在军内外报纸和杂志上刊发。我力求在尊重史实、记述经历的基础上，吸收借鉴、探究规律和寻求解决我国国家安全与军事战略问题之策，从现实需求的视角，述说军事留学及其给我带来的视野拓展、思想震撼、文化冲击和思考心得。真诚希望本书为广大读者了解中国改革开放后的军事留学历史、世界著名军校，把握世界军事和国家安全战略发展趋势提供一种视角，为后人研究留下一点儿有益的资料，为巩固我国国防和强军胜战做一点儿有意义的工作。

"欲穷大地三千界，须上高峰八百盘。"毛主席在《星星之火，可以燎原》里有一段名言：它是站在海岸遥望海中已经看得见桅杆尖头的一只航船，它是立于高山之巅远看东方已见光芒四射喷薄欲出的一轮朝日，它是躁动于母腹中的快要成熟了的一个婴儿。站在历史高度，用此来形容组建之初的中国人民解放军战区，是多么恰如其分啊！作为战区的第一代人，我愿做好军旗上的一纤维，军歌里的一音符。听，耳畔仿佛又响起我最熟悉的那首歌：

改革强军，战歌嘹亮，

因战而生，镇守一方。

扼控南海，拱卫南疆，

主战使命，勇毅担当。

我们向南向蓝，

绝对忠诚，善谋打仗，

指挥高效，敢打必胜。

我们向南向蓝，

向着世界一流军队追梦逐浪，

丹心铸就新时代的铁血荣光。

目录

一

初识罗什福尔

梦想成真

8 月 28 日，北京，首都机场。中国南方航空公司一架空中客车静静地停靠在登机口。午后的骄阳，把机尾涂着的红色木棉花标识烧灼得闪闪发光。

下午 3 点整，飞机开始滑行。机舱内，空姐们例行安全演示。几分钟后，飞机腾空而起，箭一般冲上蓝天。我的法国军事留学生活就从空中开始了。

飞机向右画了一道漂亮的弧线，然后径直朝西南方向飞去。空气能见度颇高，透过机窗，可以看到北京的楼群和郊外绿色的田野。公路、田埂、绿树、水塘经纬交织，把大地分割成一块块彩色的卡通地板。

飞机继续爬高，偶尔有几片淡淡的云朵从机翼下掠过。从高空看下去，盛名于国人心中的黄河、长江就像蜿蜒的乡间小路，黄黄的，细细的，没有一丝波澜；众多的城镇、村庄和壮丽的群山相映成景，就像建筑师设置的沙盘，随着移动的视野，变换着一幅幅新鲜的图案。

此刻，我心中难以抑制的是一种喜悦之情，放任思绪在脑海中飞扬，确实有一种天高任鸟飞的激昂，同时伴随着沉甸甸的光荣感和责任感。

军事留学对象选拔过程中的艰辛，就像电影画面一样一帧帧地在脑海中回放。5 个月前，全军要选派 6 名军官到法国罗什福尔宪兵学校进行学习，其中陆军 2 名、海军 2 名、空军 2 名。一轮新的选拔在各个军种相继展开，政治思想、军事素质、英语能力等方面逐项筛选，考核成绩优异者被列入出国留学生名单。名单上报总部，总部批准后，军事留学生再到北京后勤指挥学院外派留学生系进行培训。

从确定为出国预选对象，到正式出国留学，还有层层选拔，真可谓过五关斩六将。在国内培训结束前，参照派往国要求，由外派留学生系组织对学员进行外语和体能考核，达不到要求的一律不予出国留学。各派往国也要进行相应的考试，出国前我就在法国驻华使馆武官处进行了法语等测试，过程中的艰辛真是一言难尽。但幸运的是，我们被组织选中啦！

傍晚，飞机越过乌拉尔山脉，在俄罗斯、芬兰上空飞行。机舱内不少人已开始打鼾，我们也不知不觉进入了梦乡……

一觉醒来，飞机已飞临欧洲上空。机翼下一片翠绿，葳蕤葱茏，盎然勃发，偶尔可以看到阿尔卑斯山的雪峰和几片闪着亮光的湖泊。

晚餐之后，飞机开始降低高度。广播里传来女播音员甜美的声音，飞机要降落了。空姐们认真检查每一位乘客的安全带是否系好。

穿过几层淡淡的云翳，地上的河流、城镇、村庄和田野的轮廓逐渐清晰起来。公路上的汽车，由甲壳虫变得越来越大，越来越真切。

飞机开始盘旋。摩天大楼和教堂的尖顶几乎擦着机翼退去。

飞机对准了跑道。一阵轻微的颠簸之后，飞机安全降落在法国巴黎戴高乐国际机场。

此时是北京时间 8 月 29 日凌晨 2 点，当地时间 8 月 28 日晚上 7 点，时差 7 个小时。当晚夜宿中国驻法国大使馆 148 招待所。

法国西海岸的美丽小城

Rochefort 翻译成中文为罗什福尔，坐落于法国西海岸，是一座建于17 世纪的新都市。它位于 17 号滨海夏朗德省（Charente-Maritime）夏朗德河右岸，离大西洋岸仅 15 公里，人口 2.5 万，原为防止罗马人入侵而建筑的要塞。1666 年设军港，19 世纪初经济有重大发展，兵工厂规模庞大。现为重要空军基地、商港，有乳品、煤炭、木材等工业。我们在法国学习的宪兵学校（Ecole de Gendarmeri）就位于这里。第二天早上，我们从巴黎乘坐 TGV 前往罗什福尔。

TGV 其实就是法语"高速铁路"的缩写，也就相当于我国的高铁 CRH。法国的 TGV 由 SNCF（法国铁路）经营，车辆由著名的阿尔斯通公司研发。随着近几年中国的高铁发展迅速，高铁已经不是什么稀奇东西了。但如果告诉你 40 年前法国就已经开通了这样的高速铁路，你会不会感觉到一些差距呢？法国第一条商用高铁连接巴黎和里昂，也是世界第二条，仅次于日本的新干线（1964 年）。虽然一般的 TGV 运行时速在 300 公里左右，甚至还不如中国，但 2007 年法国 TGV 创造了实验时速 574 公里的世界纪录，是世界上最快的轨道交通工具。

罗什福尔距离巴黎需要 3 个小时车程，距离滨海夏朗德省的省会拉罗谢尔（La Rochelle）也还有半个小时的车程。作为法国本土大西洋沿岸唯一的海滨省会城市，拉罗谢尔自古为天然良港，是法国人和英国人度假的热门目的

法国宪兵学校所在位置

地，夏季阳光明媚的时候，市中心火车站甚至比市中心还要热闹，也有很多有钱人将私人游艇长年停靠在港口，成为拉罗谢尔的一道风景线。受北大西洋暖流的影响，这里气候湿润温暖，1月平均气温比法国同纬度的东部地区高出5—10℃。沿海地带多平原，农业发达。优越的环境和气候使得拉罗谢尔成为法国非常宜居的城市之一。

12世纪时，拉罗谢尔已经成为法国西部主要商业港口，拥有独立铸造硬币和免交部分王家税收的权力。在15世纪之前，拉罗谢尔一直是法国葡萄酒和食盐的主要输出港。英法百年战争中，一支法国和卡斯蒂利亚海军联军于1372年6月22日在拉罗谢尔海战中击败英格兰海军，从而一度夺取了法国近海的制海权。

罗什福尔被誉为拥有法国最美海景的城市，它发达的海上运动和旅游业充分证明了这个城市拥有迷人的风光和悠久的历史。在大多数法国人眼里，罗什福尔也是一座拥有极大魅力的城市，很多人不远千里，慕名探访

拉罗谢尔港

这座美丽的小城。同时，罗什福尔也是很多北美法籍移民寻根问祖的首选之地。

在宪兵学校学习期间，学校每两周安排一次集体参观活动，使我对这座美丽的城市有了更多的了解。如果有朋友问我："你感觉欧洲最有特色的是什么？""最能说明欧洲历史和文化的是什么？"我会不假思索地回答："教堂和古堡。"

刚到罗什福尔不久，学校安排的第一次游览活动，就是参观古堡，随后又安排了好几次。古堡起源于古罗马的要塞和军营，是一种军事防御工事，中世纪时，欧洲战火频频，各方领主和国王出于防御目的建造工事，城堡应运而生。公元 9—11 世纪，发展极其迅速，私人城堡也大为盛行。直到 15 世纪，随着火药和枪炮的发明，城堡的作用才逐渐消失。目前，虽说大都成了废墟，但它们留下的历史足迹，是永远不会磨灭的，古堡文化和古堡情思，渊远而流长，至今还是取之不尽的创作题材，用之不竭的旅游资源。

参观城堡过程中最有味道的，就是听导游讲有关城堡"演义"故事，其中有战争的、有爱情的、有家族兴衰的；等等，饶有趣味。这样一来，古堡的神秘感和恐怖感丝毫没了，好奇心和求知欲却大大增加。

后来，我也到过欧洲其他城市，包括郊区的村镇，没有哪里是没教堂的，而且教堂建筑都很美，什么罗马式、哥特式、文艺复兴式、巴洛克式……一个比一个高雅，一个比一个雄伟，一个比一个富丽堂皇。总而言之，教堂都既古老又亮丽。每到一个地方，买张地图也好，到旅游信息中心要来导游资料也好，教堂都在上面居显著地位。

从火车站步行 20 分钟就可到达小城最著名的双塔，圣尼古拉塔和锁链塔作为这个城市的监守人已经在拉罗谢尔的港口矗立了多个世纪。登上塔顶，感受一下历史的沧桑，整座城市尽收眼底。海风从你耳边吹过的时候，似乎可以听到英法百年战争时，守护这座港口的声音。沿着港口漫步，会有白天鹅跟随着你，随着钓鱼人的视线，你甚至可以看见海底的水母。

罗什福尔的生活节奏很慢，就像是印象中法国人的那种懒散，每个人的生活看上去都那么简单而快乐。

战舰：对英雄的敬仰

小城故事多，

充满喜和乐，

若是你到小城来，

收获特别多……

这是一首中国几代人都非常熟悉又喜欢的中国歌曲《小城故事》。当年邓丽君将这首歌演绎得温婉清丽、典雅多情，达到了完美的境界。这里，我要给大家叙述的是另一种风格的小城故事……在到达罗什福尔不久，我就发现离学院不远处的大西洋港口，矗立着一艘当年拉法耶特前往北美抗击英军时所乘坐的战舰模型。这艘名叫"赫敏号"的战舰模型，是由法国志愿者出资建造的，反映出法国民众对民族英雄发自内心的尊崇。

学校法语老师博内曼（Bonnemain）夫人告诉我，作为北美独立战争胜利的功勋之一，拉法耶特曾下令拆毁巴士底狱城堡，亲手起草《人权宣言》，被后世法国人称为历经新旧两个世界的"双料英雄"。1777 年，年仅20 岁的拉法耶特募集人员志愿参加美国独立战争，同北美殖民地人民共同抗击英军。1779 年，他离开美国，回到法国求援，说服了法国王室让他带领 5 500 名法军和 5 艘巡航舰前往美国参战。1780 年 3 月 11 日，拉法耶特在位于法国西南部的港口城市罗什福尔登上了其中的"赫敏号"战舰，率舰队在海上航行了数十天，于同年 4 月底登陆波士顿，并与华盛顿将军会师，为美国独立而战。

法国哲学家福柯有句名言：谁控制了人们的记忆，谁就按住了人们行为的脉动。深谙此道的法国人将对英雄的纪念渗透到社会的各个层面。且不说法国新式隐身军舰被命名为"拉法耶特级"护卫舰、法国巴黎坐落着著名的拉法耶特路等，其实无论是你到诺曼底大区参观，还是到凡尔登战役遗址见学，所到之处都会看到大量宣传历史的标语、条幅，沿街店铺里也有许多关于战斗、战史、战将的图书、画册、光盘和模型等与战争有关的纪念品。

培养军人的法国各类军事院校对英雄氛围的塑造更加重视。法国战争学院前身曾是拿破仑的母校，学员入学的第一堂课就是向学员介绍学院历史沿革，为每名学员发放有关学院历史知识的小册子，并介绍伟人功绩。战争学院学术报告厅以第一次世界大战时福煦元帅的名字命名，该院第 20 期全体学员被命名为"拉法耶特"级学员。学院的走廊、楼梯的拐角处都挂有法军各个历史时期的英雄人物画像及简介，在此学习的学员仿佛置身于英雄的海洋。

法国人对英雄的敬仰并不只是停留在历史抒怀之中。200 多年后，为了追述这段难忘的历史、继承拉法耶特的遗志，罗什福尔市及其所属的滨海夏朗德省的一大批拉法耶特的"粉丝"筹集资金 2 500 万欧元，在他当年起锚的罗什福尔的古老船厂，启动了雄心勃勃的重建"赫敏号"巡航舰计划。1995 年，当代"赫敏号"舰船完成设计，1997 年正式开工。留学法国期间，学校组织我们参观了该船厂。据该船厂负责人布朗什（Blanche）

介绍，当时，曾还有人质疑"赫敏号"无法下海出航……

令人鼓舞的是，在我们离开罗什福尔 12 年后，2014 年 9 月 7 日，这项历时 17 年的巨大工程，历史名舰"赫敏号"舰船在这里成功海试。下午 4 点，随着汽笛长鸣，"赫敏号"军舰在两艘海船的护卫下缓缓驶入了罗什福尔的夏朗德河流，来自法国各地数万人怀着激动的心情目睹了它的首航仪式，仿佛重现 1780 年拉法耶特出海奔赴美国的那一天。

是的，无论是在政界还是民间，法国社会对属于英雄的荣光、英雄的记忆都是竭力捍卫，广泛传承。而今，法国社会不停强化、传承的爱国精神和英雄情怀，变成了人们不断增强的民族自豪感和自信心的力量源泉。

巧遇"孙子迷"

距离罗什福尔宪兵学校步行不足 20 分钟的地方，是一排法式农家小院，其间居住着一户普通的法国人家。男主人名叫保罗（Paul），身材魁梧健壮，年轻的时候是一名园丁，长年干体力活儿使他练就了一副好身板，同时也造就了一个乐观开朗的性格。保罗夫人退休以后成为家庭妇女，心地善良，脸上经常堆满和蔼的笑容。他俩年轻时到过中国，对中国留下了美好的印象，不知从何时起，他们认识了在罗什福尔学习的中国军官们。因老两口儿没有小孩，加之为人非常热情，经常邀请中国军官们去家中做客，大家都亲切地称呼他们为"法国爸爸妈妈"。每一次学业结束时，大家还特别地介绍给下一届来这里学习的中国学弟们。

我也是利用这样的机会，非常荣幸地认识了保罗全家。刚到罗什福尔宪兵学校不久，一个周末的上午，带着对法国老百姓生活的好奇，我和同伴们特意造访了保罗家。意料之中，保罗全家的热情让我和同伴们非常感动，几次下来后，为人热情、朴实、忠厚的保罗夫妇很快成为我们的好朋友。一次，让我惊讶的是，保罗居然主动地和我谈起了《孙子兵法》，当时，虽然法语还不太给力，但我对保罗提到的"道、天、地、将、法"等，还是留下了深刻的印象。保罗幽默地说："如果我当了法国总司令、总统或总理，我就要用法律的形式规定下来对全体军官，特别是全体将军，每年进行一次《孙子兵法》十三篇的口试和笔试，及格分数是95分。任何一个将军如果考试不及格，要按制度立即免职，不许上诉；其他军官如不及格一律降级使用。"说完自顾自哈哈地笑了起来。

法国的老百姓都是这样的吗？我充满了好奇，开始更多地关注《孙子兵法》在法国老百姓心中的地位。慢慢地我了解到，把《孙子兵法》传到西方的第一人是一名法国神父，名叫约瑟夫·阿米奥特（Joseph Amiot），后来，这个西方语言译本和后来出现的各种兵书译本在欧洲影响深远，长久不衰直至现在。1988年，《孙子兵法》一书的新法译本在巴黎出版，1990年发行第二版。该法译本由一名叫瓦莱丽·尼凯（Valerie Niquet）的女博士直接由文言文翻译，给法国读者提供了更严谨的《孙子兵法》法文读本。法国国防研究基金会研究部主任莫里斯·普雷斯泰将军（Maurice Prétaire）为该书写了详尽的导言。时至今日，法军各军种基本上每年要向军官们推荐书目，《孙子兵法》几乎总是作为必读书列入其中。

瓦莱丽·尼凯博士

我回国后的第二年11月3日，第六届孙子兵法国际研讨会在深圳麒麟山庄召开，与会的海内外各界专家和学者以"孙子兵法与战略文化"为主题，围绕传统战略文化、当代国际安全、新世纪初期战争理论、孙子兵法在社会与经济等各个领域的运用等方面问题，进行了深入探讨和交流。我有幸采访了法国著名孙子兵法研究学者瓦莱丽·尼凯博士。

采访前，我了解到，尼凯曾任法国国际战略研究所亚洲中心主任，她是法国战略和军事研究专家、汉学家，政治学博士，法国智库国际关系协会中国问题专家，

在深圳召开的第六届孙子兵法国际研讨会

兼任法国国防军事学院教授，讲授中国地缘政治课程，并从事包括《孙子兵法》在内的中国重要战略思想著作的翻译工作。她研究兴趣广泛，包括亚洲的战略与军事问题、中国与日本战略思想分析、安全政策与宏观经济问题的相互影响、亚洲大国力量对比的演变、亚洲大国的防务理论与军事战略等。尼凯除翻译出版《孙子兵法》，还运用孙子的战略思想，出版了《中国的战略思维》，阐述了中国兵家思想对当代战略的影响，被培养高级军事人才的法国战争学院列为教材。

2012年，尼凯博士又翻译出版了最新版的《孙子兵法》，由中国军事科学院战争理论与战略研究部研究员、博士生导师、中国孙子兵法研究会副秘书长刘庆撰写再版序言，法国国防研究基金会研究部主任莫里斯·普雷斯泰将军又作了长篇后记。最新版《孙子兵法》出版后在法国各大书店热销，随即出版的电子版《孙子兵法》也受到法国各界的关注与好评。

因瓦莱丽·尼凯博士行程安排比较紧张，我只好利用午餐后茶叙时间，对其进行采访。下面就是我与尼凯博士的访谈实录。

李长庚：夫人，您好！《孙子兵法》很长时间以来在世界上被广泛地运用。我想知道，目前法国人研究《孙子兵法》的现状如何？在您的国家有专门的研究机构或者说有大量的专家学者从事这项工作吗？

瓦莱丽·尼凯：在法国，对《孙子兵法》的研究情况是这样的。《孙子兵法》是在 18 世纪时第一次被译为法文的，这使得西方国家了解到《孙子兵法》和古代中国的谋略。把《孙子兵法》传到西方的第一人是耶稣会传教士，这位法国神父的名字叫约瑟夫·阿米奥特。他是第一个把《孙子兵法》翻译到法国的人。这个版本多次再版，尽管不完善，但这个西方语言译本和后来出现的各种兵书译本在欧洲影响深远，引发了西方学术界对长久不衰的中国古代兵学的特别关注，对东方兵家文化在西方的传播起到了很大的作用。从此，开启了《孙子兵法》在西方传播的历程，西方人破天荒第一次"发现"了古代中国震撼人心的兵法智慧，《孙子兵法》被称为"世界杰作"。

《孙子兵法》法文版

我曾两次赴《孙子兵法》诞生地苏州穹窿山考察，感叹孙武隐居地的神奇。在 20 世纪 80 年代末，我以更现代的方式把这本巨著译为法文，成为法国一些军校的教科书。他们都普遍认为，《孙子兵法》是世界军事遗产的一部分。但在法国，该书的内容在军事方面并没有得到普遍运用，运用主要是在商业方面。法国有一家经济类电台多次采访过我关于《孙子兵法》在商业方面的运用情况，因此我认为更多的是商业人士对此感兴趣。

李长庚：《孙子兵法》是一本不到 6 000 字的论著，翻译成现代中文也大约只有 20 000 字，与 19 世纪德国军事战略家克劳塞维茨 6 000 000 字的著作《战争论》相比，它只能算是一本"小书"，然而，在世界军事著作中它们同样发挥着重要的作用。您能够就这两部著作做一个简要的评价吗？

瓦莱丽·尼凯：《孙子兵法》的篇幅是比较简短的，但它介绍了军事的基本原则；而克劳塞维茨只是以批判的眼光具体地论述了军事行动。此外，人们如今又把《孙子兵法》的基本原则应用在外交、政治、经济、军事等方面，可以说是比较完整的一本著作。如果有人想做出战略决策，就必须要考虑到《孙子兵法》中提到的各个因素。可以肯定的是，目前，在法军的作战条令和重要文件中经常引用孙子格言。我认为，孙子所说的一些基本原理和思想在今天仍具有非常现实的意义。

李长庚：人们说，美国所有的海军陆战队队员都有一本译成英文的《孙子兵法》，作为他们"先进武器"的一部分。我想请问，在您的国家军校里面，也有关于《孙子兵法》的一些相关读物吗？在当今信息化战争时代，您认为《孙子兵法》还能发挥其重要作用吗？

瓦莱丽·尼凯：事实上，与法国人相比，美国人对《孙子兵法》更加感兴趣。因为美国人更为看重的是与中国的战略关系。在第二次世界大战之前，法国一些军事家重新出版过《孙子兵法》，他们是非常感兴趣的。据说，拿破仑也曾研究过，但不知是否确有其事。在现代信息化战争中，《孙子兵法》也能发挥很大的作用。如当前的舆论战，就可应用《孙子兵法》中所阐述的心理因素的作用。

李长庚：孙子的一些思想还能够被用来解决当今国际社会上的一些问题吗？比如说，反恐战争、朝核问题等，如果说有的话，那又是哪些呢？

瓦莱丽·尼凯：这个问题很现实，中国也很注重这方面研究。使用武力是要付出巨大代价的，最好是能摧垮敌人的意志，不战而屈人之兵，但也要做好武力准备。因为在向敌人施压时，敌人会感到焦虑和不安，就有可能做出反抗，从而形成当今世界上动乱的局势。过去，西方军事学家在解释战争的整个过程中，往往把使用暴力，通过军事力量的摧毁力看成唯一的取胜之道，这些做法在当今世界无疑是一种冒险。中国的孙子早在2500年前就提出了"不战而胜"的思想，孙子不仅教授兵法，还解读战争艺术，西方许多国家都在应用，因为孙子思想比西方战争理论更切合当今世界的实际。

李长庚：孙子说，"是故百战百胜，非善之善也；不战而屈人之兵，善之善者也"。您能够从孙子的这个观点出发，谈谈《孙子兵法》在军事心理战上的运用吗？

瓦莱丽·尼凯：这个问题在上午的会议中已经谈及，下午我还会就此谈我的观点。在《孙子兵法》中有两个很重要的原则，即：经济和慎战的原则。尽管形势对我们有利，我们可能会赢得胜利，但也必须考虑战争的成本，包括在政治上和社会上的成本，否则对一国政府来说是很危险的。从这个方面上讲，《孙子兵法》是很有现实意义的。无论我们面临何种形势，都要考虑以上因素。冷战以后，西方世界对东方兵学的认识逐步改变，对孙子的战略思想研究越来越重视，正在重新审视孙子，重新认识孙子价值。通过对东西方兵学思想的比较分析，认为孙子的思想更适合当今世界。

李长庚：您知道现在我们中法两国正在举办中法文化年活动，法国总统希拉克前段时间也来我们国家访问，您看中法两国举行这样的活动，是否能用《孙子兵法》的"伐谋""伐交"思想来进行解释？举办这样

的活动对于我们两个大国有什么好处？对于世界和平有什么意义呢？

瓦莱丽·尼凯：中国和法国是当今世界上两个重要的国家，都有着悠久的历史。自从1964年戴高乐政府承认中华人民共和国政府之后，两国的关系非常密切。但各国有自己的利益，而两国间也有共同点，即两国都反对由一个超级大国美国主导的单极化世界，因此，中国和法国现在都希望能够建立起一种能够阻止单极化发展的联盟。但法国也注意到中国仍把美国看成世界上最重要的合作伙伴。这几年，中国主办的孙子兵法国际研讨会我几乎都参加，并发表论文。我认为孙子兵法国际研讨会展示了丰富的研究成果，充分说明近年来，中国人对孙子战略思想越来越感兴趣。更好地了解孙子，就能更好地了解中国这个大国的战略思想。

大航海时代的记忆

我在法国参观过的博物馆有很多，发现它们有一个共同的特点，那就是"门脸儿"都不大，甚至可以用微型来形容，但走进它们又能发现，虽然小，但藏品绝不含糊，里面随便一件藏品都承载了厚重的历史。其中，罗什福尔的海军博物馆堪称典范，无论是馆舍还是藏品都透着一股"古典范"。

位于罗什福尔的海军博物馆，曾经是法国海军的仓库，后被改造为海军博物馆。这里集中展示了很多大航海时代的物品，有当年木质风帆战舰上留下来的火炮实物，有铁甲舰时代的舰船仪表，还有"一战"时期的大型鱼雷，以及一些英国、法国、德国船只留下来的宝贵的航海日志，在一个房间里，甚至耸立着一台巨大的船用发动机。在海军博物馆的另一侧，还集中展示了跟罗什福尔有关的名舰模型和大型海军油画，非常壮观。

当新时代的大门被开启，人类的足迹开始迈向大洋，古老的地中海也随之成了新的交通要道，而罗什福尔也卷入这一系列接踵而来的变化当中。

海军的崛起成了这一时期最显著的特征。1798年，拿破仑以借淡水为由上岸并迫使已统治马耳他200多年的骑士团离开，法国趁机控制了马耳他岛及其附属岛屿，而后英国又取而代之。英国以马耳他为基地将其势力深深嵌入地中海，马耳他岛也一度成为英国皇家海军地中海舰队的主要基地，至今英国皇家海军在地中海的一切活动都与马耳他有着密不可分的关系。这个博物馆不仅展出当年海军的设备和仪器，同时还保留着法国水兵们经常光顾的酒吧和他们的一些生活用品，其中甚至还有当时法国军舰上用的中国陶瓷器皿。

其实，早在古罗马时期之前，马耳他就已经是一个重要的港口，许多过往船只都会到这里来补给或者避风，而"避风港"很可能是"马耳他"这个词最早的意思。因此这个博物馆也展出了一些古罗马时期甚至更早的文物，多是打捞出水的古代海锚，有些海锚甚至达到了3米的长度。

作为一个东方人的子孙，我站在这些2 000多年前欧亚大陆西端伟大帝国留下来的遗迹面前，联想到2 600多年前腓尼基商船在这里躲避风暴，布匿战争中迦太基与罗马战舰在这里鏖战，有一种说不出的奇妙感觉，对一名中国军人来说确实不虚此行。

罗什福尔海军博物馆

二

揭开宪兵神秘的面纱

罗什福尔宪兵学校

罗什福尔宪兵学校位于法国 17 号滨海夏朗德省夏朗德河右岸，学校所在地为罗什福尔波译特林荫大道（Boulevard Pouzet）179 号。以传统军事地理眼光看，罗什福尔和诺曼底等一样也是兵家必争的战略要地，原为防止罗马人入侵而建筑的要塞。该学校创建时间不长，1999 年 7 月 1 日成立，所在地曾是一个管理宪兵武器装备的基地。

罗什福尔宪兵学校全景

学校设上校校长 1 人，中校参谋长 1 人，下设秘书处、教育行政中心、人力资源办公室、后勤处和医疗中心。培训对象主要是三类：一是宪兵指挥员。这类学员所占比例最大，主要来自法国宪兵各部队的士兵及军士长。经过部队长期锻炼，他们已经具备了相当高的军人素质，经过部队选拔，准备培养、提拔为更高级别军官。

二是外国军官。这类学员主要来自不同国家的军事留学生，这些国际留学生多数已经是军官了，主要是为了在法国高级军事院校进行深造，而来这里进行法语培训，以及了解法军基本知识。当年，在宪兵学校培训的外国学员中，除中国大陆学员外，还有越南、韩国、中国台湾等亚洲国家或地区的军官。

三是国际人员。这类学员比较特殊，他们来自乌克兰、捷克、罗马尼亚、克罗地亚等欧洲国家，大部分学员在他们国家军事院校从事教学科研工作，有一定的法语基础，来宪兵学校主要是进行进修类性质培训。学校编制 11 个军医、33 个宪兵士官、24 个技术和管理部队士官、3 个其他军种士官、46 个助理和志愿宪兵、1 个派遣的国民教育教官、20 个文职人员，以及根据不同培训，上级派遣的十几个宪兵军官和二十来个高级军士。

针对三类培训对象，设有干部教育国家中心、国际教育国家中心和法语国际课程。干部教育国家中心，编制 3 名军官、8 名士官、1 名中士、4 名助理宪兵，以及根据不同的培训，增加十几个军官和二十几个高级军士。对宪兵指挥员来说，着重突出实际情况及解决办法分析、学员指挥经验的分享、现代方法手段的使用和行政教育等培训。其中宪兵队队长，培训期为 3 个星期，培训对象为第一次晋升宪兵队队长的所有军士，培训内容为宪兵队队长的职责、下定决心的方法和具体行动的组织等。共和国卫队和机动宪兵的高级军士，培训期为 3 个星期，培训对象为当年晋升为军士长

部分国际学员与老师合影

的所有军人，主要是为宪兵排长和助理排长岗位做准备。

国际教育国家中心，编制 2 名军官、7 名士官、1 名文职人员和 1 名助理宪兵，有时上面还有额外派遣。培训分为两大类，一是对外作战行动培训，二是为执行国际任务准备培训。对外作战行动培训，主要是为士官在国际环境背景下执行作战任务做准备，比如在科索沃冲突中。其中 2 个星期为英语培训，在毕业时，英语语言能力应达到在国际性的警察部队和司法性的单位中胜任职位的水平；1 个星期为国际内容培训，主要为国际性组织、法律方面的知识，以及与执行国际性任务相关的实际情况学习。为执行国际任务准备培训，它以一种特殊培训的形式，对所有被指派的或者是外国派遣的人员进行培训，培训目的和内容是使法国的一般调解干部，特别是宪兵的调解作

国际学员宿舍外景色

用，得到充分的发挥；加强欧洲国家之间警察的合作；进行对外作战行动培训；加强在一个参谋部或者国际性组织内部各种职责的训练等。

法语国际课程，主要是给不同国家的军官和地方人员必要的语言工具，使他们能够顺利地在法国其他军事院校进行专业学习。这项培训主要是法国的文职人员进行教学。其中在法国一般军事院校学习，需语言培训1至6个月；在法国高级军事院校进行学习，需语言培训20个月；对在外国军事院校从事教学的教员进行培训，需进行4个月。

我们在宪兵学校主要是学习法语，与我们打交道更多的是担任法语老师的文职人员。他们大都教学经验丰富，工作认真负责，待人真诚友善，其中博内曼夫人给大家留下的印象非常深刻。

她是一位个性极其鲜明、语速奇快的老太太。同学老郭后来回忆，与博内曼夫人的一次对话令他难忘。他们之间有很多观念冲突。一次谈到拿破仑，老郭说那是他的偶像，因为拿破仑是治国和军事奇才。然而博内曼夫人却反对，理由是拿破仑把很多法国百姓拖入了战争，与罪犯无异。老郭说从某种意义上讲，没有拿破仑战争，就没有今天的法国，拿破仑战争是法国值得对世界津津乐道的为数不多的军事胜利。她说尽管如此，拿破仑对她而言还是一无是处。老郭反驳："那《拿破仑法典》呢？"她突然语塞，语速变得慢了，"那，倒是值得称道的。法典的确影响了世界，至少影响了欧洲，特别是法国人的民权思想，直到今天！"这位极富批判精神的老太太，尽管为了面子省去了"拿破仑"一词，但此时，她神色凝重。

不幸的是，在我们离开法国后不久，博内曼夫人因癌去世了。老郭说，她是一位对他教学理念和风格影响极大的优秀老师，我们永远怀念她！

来法国之前，我在国内某军事院校从事教学和管理工作，对法国军事院校服务型机关印象非常深刻。比如说，外国学员办公室不编配军官，由1名士官负责，另外还有2名士官，1名士兵，他们的主要职责就是为外国学员服务。外国学员入学前，由外国学员办公室通过法国驻其他国家的武官处通知入学相关事宜，并为外国学员提供到法国后的生活学习指南，内容包括主要课程设置、法国主要生活品的物价、租房信息，地铁资料等。入学后，学员办公室为学员联系到银行开立账户、联系住所、联系办理学员在法国学习期间签证的续签、到第三国参观学习的签

和法国同学合影

证等。外国学员学习期间以及毕业之后的相关手续，也都是由该办公室与派出国驻法国使馆武官处接洽。外国学员办公室的工作思路很明确，就是为外国学员提供从确定到宪兵学校学习直至毕业的全套服务。

学校机关除通过外国学员办公室向外国学员提供服务性的保障外，还通过教育行政中心做好针对所有学员的教学组织与教学的保障，这些教学组织和教学保障也是以服务为主。机关会把课表以及上课的其他安排通过网络提前通知到每名学员，重要事项在公告栏公示。同时，每门课程的课本、参考资料也会以合适的方式发给每名学员。需要学员提供个人情况等资料时，机关会设计好统一的表格，请学员填写。另外，机关还会将每次讲座课程的录音放到校园网上，供学员复习和保留资料。每个系以及每个教室都有一台公用打印机，学员可以通过网络打印。系机关会随时放置纸张供学员使用，硒鼓也是用完了随时更换。学员只需要专心学习，完成作业，其他事情不需要操心。有问题需要机关解决时，机关工作人员会按规定认真办理。

法国军校机关的服务质量之所以较高，除了有一套健全的规章制度外，一个很重要的原因是机关工作人员的职务级别与其从事的工作相称。除需要履行部分决策职能的岗位由军官担负外，机关其他人员全部为士兵、士官或文职职员。校领导、训练部领导以及相关部门根据职责对教学等事务决策后，落实、检查、协调工作几乎全部由士兵、士官或文职职员负责。因为条例规定他应当按军官学员的指示提供服务，他们的业绩评定、升迁与其服务质量有直接关系。学员遇到问题，一般不需要直接找机关的军官办理，而是由士兵、士官或文职职员办理。因为学员职务较高，工作人员对学员都非常尊重，态度自然也很好。军官学员对机关的士官可以说："军士，打印机没纸了，请你加一些。"负责这项工作的士官会说："是，中校。"

如果一时没有，他会道歉并非常认真地解释原因。

国家宪兵的历史

来法国之前，我几乎对法国国家宪兵（la Gendarmerie nationale）无甚了解，来罗什福尔后，才算有了全面认识。法国宪兵是世界上出现最早的专职警察组织，自从产生以来，一直受到历代王朝和政府的高度重视。经过数百年的演变，它形成了具有典型大陆风格的宪兵组织，并为其他国家所效仿。

1032 年，法国国王亨利一世组建了法国历史上的第一个宪兵组织——巴黎宪兵队，其主要职责是保护国王利益，管理王室财产。进入 14 世纪，巴黎宪兵队队长实际上也是军事长官，因为其主要职责是在城墙受到进攻时，指挥快速反应力量进行守卫。15 世纪，法国对军事力量进行了重大改革，使对外作战的职能和维护国内安全的职能逐步分开。1439 年，根据法令组建了由几个骑兵连组成的公安部队，人们称该部队的军人是"武装人员"（gens d'armes），这也是当代法国宪兵的雏形。

在英法百年战争期间，为确保参战部队内部的秩序引起国王的关注，隶属陆军总司令的两个元帅任命了一名宪兵队队长，领导·支由几个骑兵中士组成的队伍，专门负责处理违犯军纪的军人和雇佣兵，人们称之为"元帅的宪兵队队长"，开创了法国宪兵在军队

正在执勤的法国宪兵特勤队

中执法的先河，这距今已有 600 多年的历史。

从 1789 年 7 月 14 日法国大革命开始，法国进入了一个新时代，各种警察力量也作了较大的调整，并逐步取消了宪兵的司法审判权。巴黎卫队也被解散，取而代之的是"巴黎人国民卫队"（Garde nationale parisenne）。巴黎人国民卫队由两部分人员组成，一部分是由 24 000 名市民组成的志愿军人，在紧急情况下，他们根据需要去执行警察任务；另一部分是由 80 000 人组成的职业军人，其中 12 000 人是骑兵，他们大部分是从旧时的巴黎卫队和巴黎人军团中征募的。

1791 年 12 月 24 日的法令决定在治安骑兵队的基础上组建"国家宪兵"。1798 年 4 月 17 日的法令为现代法国国家宪兵提供了法律保障，并决定要把宪兵部队建成一个高效率的组织。这次颁布法令的主要条文现在仍然有效，该法令规定"国家宪兵是专门为维护共和国内部的秩序和执行法律而组建的一支武装力量"，其主要任务是"维护乡村和主要道路上的安全"。

这次颁布的法令也强调宪兵隶属军队，执行武装部队的纪律和各项条令、条例。宪兵有责任执行各省、市行政机关和警察部门请求的任务，并为之提供所有有关公共安全和秩序的情报。该法令还赋予宪兵中尉和上尉治安官审判权。大革命后宪兵的人数急剧增加，同时宪兵和警察在不断地调整，使宪兵部队更趋于形成当今法国国家宪兵。从上面的变化，我们可以看出，古代和新时代宪兵的发展是在不同的武装力量之间进行调整、改编的，其职能也在不断地变化，但总体来说职能在不断地扩大。而现代法国国家宪兵的变革是宪兵部队内部的重建与调整，并确定处置突发事件和维护社会治安为改革的方向。

第三共和国的中央领导人给国家宪兵各种特权，使之更好地适应社会

不断发展的需要。1920 年
10 月，宪兵部队在战争部
内组建了一个独立的自制局
（国家宪兵局），从此，国
家宪兵有了统一的中央指挥
机构。这一时期，宪兵部队
也在致力于自己的现代化改
革，并于 1901 年在凡尔赛

路边法国宪兵指示牌

建立了一所宪兵军官学校。它放弃了为之自豪的军马，装备了简朴实用的
自行车；宪兵的制服也作了改革，1904 年，法国宪兵别具一格的双角帽被
带帽舌的圆柱形军帽（戴高乐帽）所取代，现在法国的宪兵及消防队员和
其他一些军事人员仍戴这种军帽。

　　"二战"后，宪兵部队一直在同国家警察竞争。仿照国家警察，它在
镇压法庭驻地建立了由 6—40 人组成的宪兵小队。1974 年组建了"国家宪
兵干预大队"，1975 年组建了"航空运输宪兵"，用于处置恶性突发事件。
从此，国家宪兵开始着手解决宪兵部队的人事和执法问题。目前，一旦遇
有突发事件，宪兵机动部队在 24 小时内能使部队的战斗力增强一倍。从
1970 年开始，国家宪兵在所有的岗位上编入应征入伍的青年，作为宪兵
部队的志愿宪兵。这样做一方面可以有充足的兵员在各专区宪兵队中编入
"宪兵监视、干预小队"（Pelotons de surveillance et d'intervention）；另一
方面，可以在志愿宪兵的征兵过程中，密切宪兵和社会青年的关系，加强
公众对国家警察的了解，这有利于宪兵在遂行任务时得到群众的支持。国
家警察也于 1986 年采用了这一做法，在社会青年中招募志愿警察，协助
警察在城市维护公共安全和秩序。

法国国家宪兵隶属法国国防部，其最高机关是国防部宪兵总局。由 1 名总统任命的将军、1 名高级法官和 1 名政府高层文职官员共同领导。国家宪兵和我国的武装警察部队的组织非常相似，均由上至下垂直领导，宪兵总部依次下设宪兵军区司令部、宪兵团、宪兵营、宪兵队和宪兵小队。宪兵的装备除配备手枪以外，还配备机枪、装甲车、装甲运兵车、直升机、固定翼飞机、舰艇、迫击炮、军犬、军马等。国家宪兵在和平时期执行普通警察的任务，战时则执行作战任务，法国历史上的每次对外作战都有宪兵参加，并在战争中充当重要角色。

宪兵制度起源于法国，随着拿破仑的军队横扫欧洲，宪兵制度也传到了全世界。拿破仑曾说："宪兵是一支独立的组织，是维护社会安全最有效的力量，它对所有国土进行半民事、半军事的监视。"当前法国国家宪兵的职能主要有五项：一是执行行政警察的任务，如交通警察、乡村警察、治安警察、外事警察等，这也是国家宪兵的主要任务；二是履行刑事警察的职能（全国刑事案件总数的 1/3 是由国家宪兵侦破、处理的）；三是担负军事警察的角色，主要是在军队中执法，维护军人的纪律，调查有关军人的犯罪案件；四是维护和恢复社会秩序，处置突发事件；五是边防巡逻，抢险救灾。

宪兵与警察的关系

与我们一起在罗什福尔宪兵学校学习的空军上校老郭，2004 年 2 月被派往法国三军防务学院（Collège Interarmées de Défense，简称 CID）学习。后来他回忆，有一次针对刚刚结束的单元课程进行对话式研讨，老师介绍完法军陆军情况后，就"法军陆军兵力不足而又需派外驻军"问题，台前法军陆军军官和台下海、空军军官以及外军军官展开了热烈讨论。参与讨

街头的法国警察

论的学员队长列斐伏尔（Lefebvre）空军上校说："何不将我们的宪兵部署到海外呢？"不料，他的意见遭到了在场法军陆军军官学员一致反对。来自特种兵部队的霍兰德（Hollander）少校甚至两次站起来说："我们讨论的是军事而不是政治问题。我们需要的是随时能够操枪弄炮的战斗员，不是警察！"大家知道，在法国宪兵具有警察职能，但也归属正规军。老郭感叹，从这次火药味十足的研讨中，可见法国警察与宪兵之间关系十分微妙！

的确，在法国，宪兵和警察之间不仅是维护治安的同事关系，而且在相当多的方面也是竞争对手。宪兵的创建远远早于警察，直至 19 世纪后半叶，随着都市化和铁路的发展警察组织才建立。两者的主要职能是相同的，只是执法区域的划分和隶属关系不同。国家警察在一万人以上的城市执法，而国家宪兵则在一万人以下的城镇和乡村执法；国家警察隶属内政部，而国家宪兵在历史上归属国防部领导，但是在 2009 年后法国国防部仅保留对宪兵队名义上的领导，宪兵队在和平时期的预算和指挥权均归属

正在执勤的法国警察

于法国内政部。所以要记得，法国内政部的头目个个都是狠角色，正如当年成为总统之前的内政部部长尼古拉·萨科齐（Nicolas Sarkozy），也正是在他的总统任期内，法国宪兵队划归法国内政部管辖。

从形式上看，宪兵更具有军事性，执行军队的条令、条例和规章制度，实行军事化管理，装备有装甲车、飞机和重型武器；而警察则更具有文职性，实行上班制，配备左轮手枪，参加公务员考试和管理。但是自2016年6月以来，法国政府已授权警察在使用武器上更大的自由度，警察对武器的使用不再限于被迫自卫。

法国政府似乎更钟爱国家宪兵，冷落国家警察。宪兵唯命是从，较听政府的话，因而显得更可靠；警察则一向具有政治倾向，爱"多嘴多舌"，一些政客对国家警察颇有微词。特别是密特朗任总统以来，把一些原先警察引以为荣的任务交给了宪兵，使警察备受委屈，也丢了面子，于是对宪兵耿耿于怀，寻找机会进行攻击。

　　1983 年 1 月成立了共和国总统卫队，卫队队员大部分由宪兵组成，里面为数不多的几个警察也成了"局外人"，在卫队中既不担任领导角色，也不负责具体工作，只是为了照顾警察的情绪而留下来的一些"摆设"。而过去总统的安全工作，是由国家警察总局的要人警卫局一家负责的。总统随卫这项荣耀的任务丢了，警察气愤万分，警察工会专门为此发表了措辞激烈的公报，认为共和国卫队由宪兵和警察组成，而宪兵隶属国防部，警察隶属内政部，"自从有罗马法以来，根据众所周知的原则，一个军人不能指挥一个非军人，除非是在戒严时期……本工会坚决抗议这一项违背法律基本原则的政令"。宪兵则毫不掩饰地说，要人警卫局成了一个名副其实的"旅行机构"了，身体训练与安全问题方面的培训都没有了。在总统外出时，随行的宪兵和警察从不同桌用餐，为说服一个宪兵与一个警察同住一个房间，往往要费不少口舌。

　　宪兵更具有强烈的共和国军人形象，善于适应任何政治形势而不使自己受到损害。从宪兵的人数上就可以看出这支部队的重要性和地位。1971 年国家宪兵有 62 700 人，1996 年增加到 93 669 人，25 年间增加了 50%。国家宪兵中的女性人数较少，仅有 18%，而女警察则占 27%。不仅如此，宪兵在技术装备上也优于国家警察。它的萨菲尔信息网络从 20 世纪 80 年代初就开始运行，而警察直到 1987 年才开始装备类似的系统。

　　过去宪兵曾嫉妒国家警察可以

法国女警察

穿便衣执法,而宪兵无这种特权。1987年5月11日,当时的国防部部长安德烈·吉罗(Andrey Giraud)发布了第11900号通报,该通报批准宪兵可以充当搜查队员(支援宪兵除外),可以着便装进行情报活动,但在执行逮捕任务时必须着制服。当然,得到了便衣执法的特权,也使宪兵在使用武器时受到了更严的限制,规定穿便衣行动时,宪兵不再拥有发出简单的警告后就可以使用武器的特权,只能在正当防卫时才能开枪射击,这和国家警察是一样的。通报还强调,宪兵穿便衣执法只在个别情况下进行。

国家警察对国家宪兵可以着便装执法很不满,指责宪兵成立便衣小队进行日常调查活动,而这项工作是由国家警察的综合情报局所担负的。警察担心这份情报工作也被宪兵包揽过去。更严重的是,宪兵穿便衣出现在游行示威队伍中间,当发生恶性事件时,他们难于向公共舆论证实他们作为旁观者的身份。

近些年来,受政府的支持,法国国家宪兵进入城市的趋势越来越明显。这使得原本就不是很好的法国警宪关系更为恶化。上面提到的驻扎在小城市和农村维护治安的叫地方宪兵(Gendarmerie Départementale),在大城市防暴处的则叫机动宪兵(Gendarmerie Mobile)。但机动宪兵的行动范围并不仅限于大城市。如果有需要的话,他们也可以到小城市和农村支援地方宪兵,可以在整个法国范围内执行任务,甚至还可以到国外执行任务。

有学者认为,两种平行并立的警察制度不仅会增加维护治安的成本,而且还有可能增加新的社会矛盾,甚至会导致警宪的冲突。尽管存在许多的问题和挑战,但是,法国人民仍然为他们的法国国家宪兵感到骄傲。因为,正是他们每天的工作和牺牲才换来了法国的安宁!

中国文化交流日

在法国罗什福尔宪兵学校，除了中国学员外，国际学员还有其他群体，包括克罗地亚、乌克兰、越南、韩国等国的学员。一年的学习时间，差不多每个人都可以赶上在罗什福尔过生日。由于与外国同学同住一栋楼，共同使用公共厨房，为传播中国文化，增进与各国同学的交流，同时更好地加强口语练习，中国军官们决定齐心协力，为每个人在国外过一个有意义的生日，每次我们都邀请一些外国同学参加，一般安排在周末举行。主要内容有：通过 presentation 介绍中国文化、烹调中国美食与大家共享等。

在每个生日到来的前几天，大家就开始忙碌，分别进行各自的准备。有的负责制作介绍中国的 presentation，有的负责准备晚会背景音乐，除生日祝福歌曲外，还有二胡、古筝等中国民间乐器曲目，而这正是宣传中国传统文化的极好场合和机会。

当然，最热闹的当数当天一大早大家到当地大型超市集中采购中国食品。因没有交通工具，大家一般是步行 40 分钟左右到超市。当我们满载而归，每人左手右手都提着装满食品的购物袋，饺子、春卷、虾片、青岛啤酒、蔬菜等，真有一种过年的感觉。几个平时非常节俭的中国军官在商场里"大手大脚"地"挥霍"还真是非常过瘾，只是好景不长，没过多久，我们每人凑出来的几十欧元就不见了踪影，这时候才相信"不当家不知柴米油盐贵"的古训是有道理的。

对外国同学来说，对中国文化的喜爱更多地表现在对中国饮食文化的喜爱，他们往往会把更多的目光聚集在中国的各种特色食品上。几次生日宴会上，最令各国同学心驰神往的是中国菜，不少外国同学就在不同场合向中国同学表达了对中国美食的殷切期望。为了准备中国菜肴，中国同学各显身手，纷纷拿出了自己的绝活。

到了下午，一部分外国学员也加入包饺子的行列。晚上，在《祝你生日快乐》的欢乐音乐声中，一顿中式大餐终于准备好了，菜品有很多炒菜、凉菜，主食有饺子、面条、炒饭，还有青岛啤酒。虽与在国内和亲人一起过生日的氛围不能相比，但是与一大帮国际友人聚在一起，人们开始品尝一盘盘由中国军官精心烹饪的中国菜，食物的诱人香味在欢乐的气氛中一点点扩散，还是让人感觉到一种特别的节日气氛。实际上不管是正宗的扬州炒饭，还是家常的西红柿炒鸡蛋，在色香味方面比起在食堂一成不变的西餐来说，显然要高一个档次，难怪大家脸上都堆满了笑容。

在这里，很多外国同学第一次尝到了真正的中国菜，这不同于海外的中餐馆为适应当地人口味而制作的中国菜，其中炸春卷和饺子最受各国朋友的欢迎。后来我在国外的一些中餐馆就餐，发现很多外国人不知为什么非常喜欢点炸春卷这道菜。

酒足饭饱之后，当然少不了中国茶。茶水的芳香让那些闻惯了咖啡的鼻子有了不少新的感觉，品着清茶，一个个关于中国文化的问题开始给了我们新的挑战，这挑战不仅来自语言，更多的则来自文化的差距。

有时候你会惊讶地发现，一个中国军官用地道的中式法语绘声绘色地向外国友人介绍着中国的传统文化，旁边的中国军官听得点头称是，而其他的外国人则是一个个大眼瞪小眼，完全不能进入角色，就好像他们听不懂法语一般。实际上，他们郁闷的是，明明听的是法语，可有的时候咋就听不明白讲者表达的意思呢？为啥其他的中国军官都能听懂呢？说不定有的时候他们会有这种错觉：法语到底是法国人的母语还是中国人的母语？

刚到学院学习的前几个月里这种场景并不少见，因为在国内，我们学到的法语很多时候并不是真正的法语。留学的意义在于吸收与交流。语言尚且如此，相信我们在国内所了解的外国军事也不会是原汁原味的真实面目，而不能掌握真实性就难免会在很多方面犯下错误，这也许正是国家派我们出去留学的目的之一，也是文化交流晚会举办的意义之所在。

晚宴的高潮处，不知是谁带头唱起了《生日快乐歌》：

Joyeux anniversaire，

Accepter de bon coeur，

Mes voeux les plus sincères，

De joie et de bonheur ……

生日快乐，

接受好心，

我最诚挚的祝福，

欢乐和幸福……

"生日快乐！"一张张热情的脸，一阵阵热烈的掌声。外国同学分别递上一张张生日贺卡，上面写着多种文字的祝福，歌声、笑声、祝福声交融在一起……

三

法国军事院校

当前，世界新军事变革正如火如荼地进行，针对现代科学技术发展对信息化战争的影响，世界发达国家都纷纷提倡质量建军，将军队院校教育与训练工作列为重点，培养新型军事人才。法国军事院校正是适应形势的发展，不断调整优化院校规模结构，改进教学内容和手段，以期在新军事变革大潮中留下自己鲜明的足迹。

军事教育体制

实现强军目标、建设世界一流军队，我军院校建设必须有一个大的加强。出国前，因我曾在国内某军事院校从事教学和管理工作，赴法前后，我对法国的军事院校情况一直有着浓厚的兴趣。除所在的法国宪兵学校外，

法国军校学员

我还通过其他军事院校的留学生，了解到法国军事院校的一些基本情况，特别是围绕联合作战指挥人才培养方面，自己还做了点小小的调查研究。

法国对军事院校建设十分重视，对军官的选拔和培养都比较严格。法国初级军官的培养和中高级军官的晋升大多经过院校培训。法国现有各级各类军事院校 113 所，其中高级军事院校 3 所，中级军事院校 19 所，初级军事院校 91 所。

法国三军参谋部高等军事教育局是领导除高等国防研究院（由总理府国防总秘书厅领导）以外的高级军事院校业务工作的职能部门，负责制订招生计划、确定培养目标、拟制教学大纲等工作，并对其进行业务指导。陆、海、空军参谋部负责制订本军种各院校的招生计划、教学大纲，确定培养目标等工作。陆、空军参谋部下设有院校司令部和高等军事教育局，分别负责本军种初、中级军事院校的教育工作和进行业务指导。海军院校则由海军参谋部人事局领导。宪兵和武器装备部所属院校分别由宪兵总局和武器装备部的院校处领导。

法国军事院校覆盖陆军、海军、空军、宪兵等各军兵种，涉及军队的各个专业，基本上分为指挥与工程技术两大类；既有培养任职前的院校，又有负责军官、士官继续教育的院校，构成了初级、中级、高级的梯次配置，形成了比较合理、完善的军事院校教育体系。

初级军事院校现有 91 所，包括指挥院校、军官培训学校、专业技术学校、训练中心及士官学校和军事中学。初级军事院校主要培训初级指挥和专业技术军官。指挥院校、专业技术院校的学制一般为 2—4 年，学员为初、高中毕业生和部队优秀士官，在校期间除学习军事基本知识、专业技术知识和领导管理知识外，还要进行文化课的学习、心理素质的培养、道德品质的教育、各种能力的锻炼等。学员毕业后一般授予少、中尉军衔，

法国军校学员

担任初级指挥军官或初级专业技术军官。士官学校的学制一般不超过 1 年，学员毕业后根据学习的专业授予相应的士官军衔。军事中学的学制较长，主要进行文化学习，其毕业生是军官和士官的重要来源。

中级军事院校的学制比较短，通常为 3—12 个月，主要招收营、连级军官。由于学员具有较好的专业基础和一定的部队工作或机关工作经验，所以教学内容针对性比较强，只学习与学员将来所从事工作有关的内容。学员毕业后担任营、团级主官或参谋军官。

法国高级军事院校有 3 所，分别是高等国防研究院、高等军事教育与研究中心、诸军种防务学院。高级军事院校的学制一般为 9—10 个月。高级军事院校的学员多为年龄在 40—50 岁、具有多年部队实际工作经验的上校或准将军官。学员毕业后担任旅、师级主官或高级机关参谋。

法国军事院校的主要特点非常鲜明，主要有：实行分级培训制。法国军官院校分为三级训练和高等军事教育两种，不同职衔的军官到不同等级的院校培训。三级培训由各军种参谋部院校部所属的院校或训练中心负责。培训对象是尉、校级军官。培训过程一般包括基础知识、应用、实习三个阶段。高等军事教育由高等国防研究院、高等军事教育与研究中心和诸军种防务学院组织实施。士官院校也实行分级培训。初级培训是使担任组长的士官获得组织本组士兵训练的能力。二级培训是使担任排长或副排长的士官获得分队的管理和训练所必需的军事知识和专业技术。

强调基础教育。新入学的青年学生，普遍要进行两年通科学习，进行战士军事基础训练、军官军事基础训练（学习军事地理、时事政治、外语、教育理论等）和工程技术基础教育（学习无线电、信息、机械原理、热力学等）。经过两年通科学习后，获得国民教育部所属学会认可的工程师毕业文凭后，授予少尉军衔，再分别进行一年专业训练，毕业后晋升为中尉军衔。高级陆军学校为学员毕业后担负的工作打好基础，一部分学员经考试合格后，通过签订合同，先去地方院校选学一门科学技术（工程、社会科学、外语等），时间为两年，然后再回该校学习两年军事。

重视对士官的培训。陆、海、空三军都有专门培训各个方面士官的学校。据统计，法军共有士官学校（训练中心）55所，其中陆军21所，空军20所，海军5所，宪兵7所，全军性的2所。所有长期服役的士官都要经过士官学校严格训练，合格后才能分配工作。士官也有成长为军官的机会，年轻士官和后备役合同军官可以同文化程度较高的青年学生一起考入军官学校。

鼓励学员自学。为鼓励学员自学自研，在教学时间的分配上，都给学员一定比例的时间自己支配。院校的图书馆、实验室、信息教学设备等向学员全天开放，学员随时都可进行阅读和实验。空军学校电子计算机实验室从上午8点一直开放到深夜12点，供学员学习使用。

从有利于训练出发选择和确定校址。比如，布尔米克海军学校校址几经变迁，最后确定建在既靠近军港，又靠近航空兵基地的布勒斯特，该地便于组织海上训练，又利于与直升机协同训练。海军学校的学员宿舍也依照军舰上的舱位布局，使学员随时都能看到海洋，有置身于舰艇之感。空军学校校址选在沙龙，是可飞天气最多的地方，也是从有利于训练出发的。

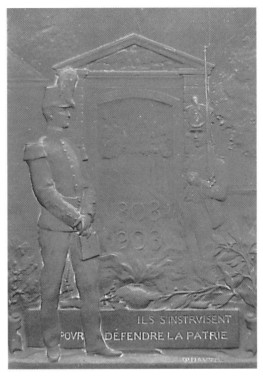

圣西尔军校的矩形铜章

坚持"开放办学"。法军各院校经常邀请军外著名学者、社会名流和政府官员到学校代课和讲学，扩大学员的知识面和增加各种社会知识。法军院校除向国内开放外，大多数还向外国开放，每年要接收 3 500 多名来自 70 多个国家和地区的外国学员。各院校还强调理论教学和实践相结合的原则，经常结合教学内容，组织学员到部队、社会甚至国外参观见学或短期实习。如高等国防研究院，每年都要组织学员去三军部队和国外见学一次，时间各为 15 天。当前，我军院校改革还在做调整完善，必须注重学习借鉴外军好的做法，在新起点上加快军队院校建设转型。

崇尚荣誉道德

我们到达法国罗什福尔宪兵学校的第一天，印象最为深刻的是学校为

拿破仑

我们举行了隆重的升国旗仪式。长期以来，法国军校把忠于法兰西国家和民族作为军人最高道德准则，强调军人的爱国精神与军事职业道德的统一，强调军人要以保卫国家的最高利益为自己的天职；要求"军人在任何时候都要遵守纪律，发扬忠诚和献身精神"。

这一教育理念也反映在军校的荣誉价值观体系中。可以说，追逐荣誉观念的骑士精神在法国历来有深厚的社会文化和心理基础，因为法国人历来坚信自己是上帝的选民，对自己的民族和国家有强烈的优越感，他们珍惜荣誉的同时也倍加追求荣誉。

正像圣西尔军校的创立者拿破仑曾说过的那样，"在作战时一个主将应以保持其部队的荣誉为第一职责"，在许多军事院校的价值观系统中，校内荣誉观有特别重要的地位，学员们视荣誉为自己的遗产。

追求荣誉的现象在法国军事院校处处可见。在学校的校旗上，镌绣的图案和文字与"荣誉、祖国"有关，目的是把维护和获取军人荣誉与爱国精神并列起来，引导学员为荣誉和祖国而战；在校园里，矗立着历届优秀毕业学员阵亡纪念碑、将士塑像等，目的也是让学员们永远记住学校的光荣和骄傲，永远铭记使命。每次考试后学校都要张榜公布考试成绩，而且排出名次，不及格者以红色加以区别，这也是为了激励学员奋进。

职业道德教育指引着一届届军校毕业学员英勇奋进、屡立功勋。1870年，法国军方为表彰圣西尔军校毕业生在历次战斗中的英勇表现，将"法国陆军第一营"的荣誉称号授予该校。加之该校与拿破仑紧紧联系在一起，又出了以戴高乐为代表的众多优秀毕业生，使得许多法国青年认为：能在法国军事院校学习是人生中十分荣幸的经历。

法国军事院校还借助宗教信仰来强化学员们的民族精神。法兰西共和国被称为"天主教会的长女"，信教人数非常多。军校也不例外，法国军人大多有宗教信仰。因此，利用宗教对学员进行教育，成为军校管理教育的一种重要手段。一般来说，军校按信仰天主教人员的多少配备神父或牧师。神父和牧师均为正式编制内的参谋军官，在指挥官的参谋部门工作。

他们一方面在军校主持宗教仪式，包括洗礼、婚礼、葬礼、祈祷等日常宗教仪式，另一方面还经常以上帝的意志对学员进行品德教育和宣传鼓动。例如，他们经常在学校举行大型宗教仪式之前，高声宣扬上帝的圣训，以此来激励学员们的民族自豪感，振奋士气。

法国军事院校的博物馆每周都向公众开放。博物馆内的永久珍藏真实地反映了从建校起历代军校人的生活。馆内珍藏了历代军校的制服、学员的个人物品、艺术创作、官方文件、武器、衣物和家属遗物等，成为军校进行荣誉教育的重要基地。学员着礼服时，要求将参加各种活动取得的荣誉徽章佩戴在胸前，以此培养其荣誉意识。新学员入学时会举行隆重的入学仪式，所有学员面对校园内纪念雕像肃立，感受军人身份的崇高。

学校每天早晨举行升旗仪式，会有一部分学员

法国军校内博物馆

参加，不参加升旗仪式的学员走在路上，只要看到国旗升起就会自觉地立正敬礼，行驶的车辆也会自觉地停下来。每当这种时候，我的心情便久久不能平静。我想起了我们的国歌《义勇军进行曲》，想起了我们的国旗五星红旗。它们诞生的经历和这里的故事是那样地相似。国旗和国歌是一个国家和民族精神的象征，在激发军人斗志、爱国热情和凝聚民族精神方面具有十分重要的作用。

多一点战略意识

人才强则事业强，人才兴则军队兴。当前，一提到战略问题，不少人就认为，这是高级指挥员的事情，与自己关系不大。这种认识其实是一种误区。诚然，指挥员职务越高，战略意识越重要，但并不意味着战略问题就是高级指挥员的专利。毛主席在抗大讲课时经常强调要"提高战略空气"，他说："只有了解大局的人才能合理而恰当地安置小东西。即使当个排长也应该有全局图画，也才有大的发展"，"部队的战士、伙夫都关心战略，只要把战略形势讲清楚，问题就好办了"。这一点，法国的军校教育给我留下了深刻印象。虽然我们所在的罗什福尔宪兵学校是法国的初级院校，但无论是与学校军官、士兵，还是文职人员聊天时，他们更多聊到的是当前国际形势、地区热点问题。

面对越发复杂的形势，许多军校提出"培养的军官们不仅要懂战术，还得成为战略家"。学校着力培养能直接到部队任职的军官，要求学员除了必须拥有较强的部队专业知识外，还要具有相当水平的领导和组织能力，以便到部队后能马上开展工作。

军校的学员虽然来自不同的社会阶层，但是无论身处何种职位，都要具有相同的美德：做国家的公民和人民的公仆。在这样的认同前提下，学校要求每一名学员必须达到两个目标：一是短期目标，从排长做起，成为一名领导者、一个榜样和一名训练员；二是长期目标，成为贯穿职业生涯的一流领导者。军校学员入校后必须重新进行全面系统的领导能力培养，完成由士兵到军官的转变。所有学员地位平等，每名学员都有机会担任模拟领导职务，以积累大量的实践经验，不断提高自身的领导能力。

学员领导能力的培养主要分为两个方面：由学员担任值星排长和有关领导能力的课程。学员排的军官每周都会指定一名学员担任值星排长，负责本排的日常管理和军事训练，时间一般为一周。军官会在适当的时间予以指导。如果军官认为值星排长在管理上缺乏经验需要更多锻炼，则可将代职时间延长到两周。每个连每周由一名学员来负责本连的军事训练安排，但不会由学员来负责全连的管理工作。这主要是出于与学员毕业后第一任职角色贴近的考虑。

法国军校认为，军事领导力是指一个指挥官首先要了解情境，能够在复杂环境中进行思考，运用本身具有的品质魅力，在不确定的环境中做出决策，在此基础上做出行为，在敌对环境下采取行动。因此学校培养的指挥官，不仅能够在身处危机时做出决定，在作战中，不论冲突性质如何，也能够领导部队作战。

围绕"成为领导者"的培训目标，许多军校制订了具体人才培养方案，并细化了培养方针。简要来说，一名具有领导力的指挥官要达到五个要求，即了解情境、学会思考、运用品质魅力、做出决策、采取行动。在这个指导方针下，对未来指挥官的具体要求是："军官能够在作战框架中立刻承担领导一个排的领导职责，高级军官不论在正常情况下还是在危机时刻均能够做出正确决定。"

为确保军校学员的初级军事教育和基础训练质量，达到军队完成多种作战任务的要求，学校将军事技能、人文和学术三方面技能进行融合，其中人文领域就包括战争、政治和战略思维能力的锻炼。在三年的渐进式教育中，训练学员适应各种战争形式、各种战场、各种敌人和人群，控制伤亡人数，面对多国框架下的复杂战争及智力战争，为自己的信念而战，从而发挥领导力的作用。

开放办学与卡塔尔分校

法国军事院校的教育理念之一是坚持开放办学，突出表现在设置一些开放课程和加强国际交流方面。一般来说，坚持按照传统，在毕业前将军官学员送至国外学习三个月，在学习文化知识的同时开拓学员眼界，培养其全球战略眼光。

学校设置跨学科课程。学科之间打破壁垒，并对所有学员开放，学员在学习本专业的基础上，还可以选学其他课程，没有任何限制。学校经常会邀请军内外著名学者、社会名流和政府官员到学校，就当前共同关心的重大问题举办讲座；也组织学员到国家企业或部队机关见习。这些措施使学员开阔了眼界和思路，并能紧跟社会和科技发展的形势，同时为培养具有创造力的学员营造了必要的条件和氛围。

学校非常重视国际交流，认为这种方式不仅能够开阔学员的视野，了解外军人才培养的状况，还能够获得第一手的军事信息，把握外军建设的最新动向。

2007 年 9 月 9 日，法国政府宣布在卡塔尔开设圣西尔军校首个海外分校，为卡塔尔和其他海湾国家培养陆军军官。这种做法不仅对于圣西尔军校，就是在世界各国军校发展史上，也是一个了不起的壮举，可谓"世界首创"。

时任法国国防部部长莫兰在与卡塔尔王储阿勒萨尼签署联合办学协议时称："这是一项重要的计划，它在海湾地区将是独一无二的。"的确如此，要知道，世界其他军事名校为了保持"血统"的纯正，还没有在国外开设分校，这也显示了法国加强在该地区影响的努力。

圣西尔军校在卡塔尔设立分校，有利于法国和卡塔尔的关系，卡塔尔军队 80% 的装备是法国提供的，卡塔尔依照法国模式成立宪兵队，法国军人经常前来卡塔尔执行任务。按照两国达成的协议，圣西尔军校卡塔尔分校从 2011 年开始招收学生，每一届学生人数大约为 50 人，首批军官在3 年后毕业。学校以法语教学为主，教学经费由卡塔尔承担，担任教师的80 名文职人员和军人由法国方面提供。

卡塔尔分校的学员将接受和圣西尔军校本校一样的教育。除此之外，学校根据海湾国家的实际需要，对教学内容和课程设置做出了一些调整。为了提高学员的法语水平，圣西尔军校从 2009 年起在卡塔尔开设预备班，以便让报考的学生达到所要求的法语水平，首届学生将从这批人中选拔。目前代表近 30 个国家的留学生在圣西尔军校就读，他们是盟国和友好国家的军官和准军官，同时学校也向其他国家的军官培训学校派遣留学生。

留学法国军校中国第一人

我们到达法国军校后，时常深深感到中外军官之间加强沟通交流非常必要。有些法国军官甚至认为，今天的中国军官还身着长衫、留着长辫。当时，我被他们这种荒唐的想法弄得哭笑不得，直到查阅相关资料后，才多少有些理解。原来，在法国军事院校的历史上，确实曾经有过一批穿长衫、留长辫子的清朝军人在此受训呢。

唐宝潮，是第一个进入法国军事院校的中国留学生。唐宝潮出身于一

唐宝潮

个中国高官家庭。1905 年 7 月，经中国公使馆介绍，由北洋海防局资助，唐宝潮和其他两位同学报考圣西尔军校。其中一人不久被召回北京，另一人因学业程度过低，未能通过入学考试。只有唐宝潮被圣西尔军校骑兵系录取。毕业后他在索米尔的"马队军官实习学校"逗留一年，又去外省联队任实习军官一年，于 1909 年 4 月应召回国。

唐宝潮的留学经历是中国人军事留学史的重要坐标。两次鸦片战争中国战败，让国人深切地意识到军事技术的重要性。在幼童留美之际，李鸿章等人就试图借美国之手，培养中国自己的新式军事人才。但是由于美国的排华运动，拒绝中国学生进入美国军事学校，当时的军事留学教育的意图功亏一篑。而后，福州船政学堂陆续派遣学生留欧，其中部分学习海军技术，是为近代中国军事留学教育的开始。1895 年，中国北洋舰队在甲午海战中被日本海军击败，福州船政学堂海军留欧教育基本破产，中国人军事留学教育也随之低落。

痛定思痛，在以敌为师，掀起留日大潮的同时，以端方和北洋势力为代表的清廷要员意识到，曾经打败中国的日本海军最初是由法国人建立起来的，因此，在练兵方面不能完全依赖日本，而应该更多地学习法国。于是，派遣学生前往法国学习军事被提上了日程。已在法国自费留学数年的唐宝潮顺应这个形势，实践新的军事留学，于 1906 年 8 月考入圣西尔军校，成为中国留学生之入法国陆军学校之第一人，也是近代中国陆军留学第一人。他的留学具有极其重要的历史意义，当时引起巨大反响，以至于"法国武事报，曾登其肖像"。

清朝留法学生合影

　　唐宝潮凭借自己的聪明才智和勤奋努力，顺利毕业，并在实习中获得优异成绩。唐宝潮的存在，使留法中国学生才给大清要员留下"在法国学习十分努力"的印象，使端方等大清要员最终决定大力发展留法军事教育，中国人留法教育活动也随之得到恢复，并获得了巨大发展。从 1900 年到清朝灭亡，总共有 144 名学生留学法国，其中军事留学生有 46 名，远远超过了 1900 年前几十年的留法学生总数。

　　1909 年，唐宝潮归国后任北洋督练公所派遣员，1910 年，改任考察各国陆军专使随员。辛亥革命后，任总统府军事参议，少将军衔。1912 年，与前慈禧太后御前女官、近代中国学习西方舞蹈第一人裕容龄在法国巴黎结婚。1919 年，在巴黎和会上，唐宝潮出任军事专员，同年任将军府参军，奉派参加英、法、比三国庆祝第一次世界大战胜利大会。1928 年，政府南迁，唐宝潮蛰居北京。1935 年，出任冀察政务委员会参议，"七七事变"

后赋闲。1955 年 1 月，被聘为中央文史研究馆馆员，1958 年 1 月 10 日病故，享年 74 岁。

赫尔巴特说，"历史应是人类的教师"。近代中国军事留学运动浪潮历时 70 余年，对近代中国军事变革产生了广泛而深远的影响。由军事谊文出版社出版的《军事留学生与中国近代军事变革》一书，值得认真一读。

四

走进比军最高学府

再踏征程

在法国学习一年法语后，利用暑假我与家人进行了短暂团聚，之后又踏上了前往比利时的航班。其中心情既有些紧张又颇感兴奋，如果说在法国，遇到困难和挑战还有 5 个战友共同面对，可以一起研究和讨论的话，这次去比利时，我是只身一人代表中国人民解放军去参加培训，可谓孤军奋战了！我从北京首都机场出发，途经荷兰阿姆斯特丹机场转机，于北京时间次日凌晨 2 点到达比利时位于扎芬特姆的布鲁塞尔国际机场。

出乎意料的是，刚入境，我就遇到了下马威，在行李提取处发现，我所携带的一只硕大行李箱没有同机抵达！天啊，那可是我到比利时留学一年的全部家当呀！几经与机场联系，服务处人员答应帮我尽快查询，不过没有那么快，可能需要两三天，要求我留下通信地址和电话，一有消息就通知我。

沮丧的心情是可想而知的，但又毫无办法！比利时给我最早的印象，是电影《尼罗河上的惨案》中那个胖胖的侦探波罗，以及他用幽默的口气说的那句名言："不，比利时小人。"那部电影看了好几遍，对波罗则心存敬意。我在心中暗自思忖，如果小人都那么聪明，观察入微，推理缜密，且富有正义感，那么，所有的罪犯都只能束手就擒了。寻找行李箱的人，要是侦探波罗就好了！

思绪还在飞扬，不知不觉中就上了学院来接我的面包车。接站的是一个40多岁的中年军士长，汽车一开出机场，不多久就驶入了机场高速路。我深吸一口气，也无心欣赏此时比利时迷人的夜景。但我知道，夜间在比利时的高速公路上行车可谓是最潇洒的。比利时电能，特别是核电充裕，沿途耸立的路灯，每隔30米左右一盏，夜幕降临之后，一盏盏路灯齐放光明，犹如明珠把公路点缀得分外妖娆。这在世界上是绝无仅有的一景。难怪后来我不止一次听比利时人自豪地对我说，从月球上望地球，白天可以看到中国的长城，而黑夜就能看到比利时的高速公路。看着我羡慕的神情，司机呵呵一笑，夸口地说："当世界上所有的电快要耗完的时候，最后一盏亮着的灯肯定是比利时的！"

司机自我介绍叫丹尼尔，是学院外国留学生管理办军士长，今天我是他接站的第三个外国学员……当与司机简单地寒暄几句后，猛然发现丹尼尔早已停止了与我的交流，不知道是因为他遵守交通规则，在驾驶时不与乘客说话，还是因为我的法语水平还无法再进入下半场的交流。后来了解才知，应该是两者兼有之！特别是语言问题，平时能用法语与外国人交流绝不意味着你的法语在专业课堂上也够用，加之当地比利时人法语的语速太快而且夹杂口音，原来以为在法国学习法语一年，法语水平还不错的我，自信心和自尊心屡屡遭受打击，当然这是后话。

静下来，我继续将目光转向窗外，哦，比利时，魂牵梦萦的这块土地，我终于来啦！

比利时位于欧洲西部，纬度相当于我国黑龙江省的最北端。对于很多中国人来说，比利时是一个不折不扣的小国，其国土面积仅有3万多平方公里，人口约1000万。

开车从北到南穿过整个比利时也用不了两个小时，即使人们经常从媒

布鲁塞尔市中心步行街

体上看到欧盟的照片，也很少有人想起比利时就是欧盟的老家。但是比利时人却很少为其他国家的人对他们的误解而恼怒，他们大度地一笑，继续高高兴兴地做这个小国的公民。

比利时没有比利时语，居民中57%讲荷兰弗拉芒语，42%讲法语，1%讲德语。比利时属温带海洋性气候，冬无严寒，夏无酷暑，终年绿草如茵。美中不足的是天气多变，阴雨连绵，光照时间短，只有6—8月才会阳光明媚，昼长夜短。我正是在阳光明媚的季节来到了比利时。

公元元年前，克尔特族的比利时人就在此居住。从公元前57年起，这里长期被罗马人、高卢人、日耳曼人统治。14—15世纪建立了勃艮第王朝。随之又先后被西班牙、奥地利、法国、荷兰统治，1830年独立。

中世纪的比利时是一个南来北往的贸易必经之地，逐渐发展成欧洲最重要、最繁华的地方，被誉为西欧的十字路口。同时，由于位于德国、荷兰和法国三大强势文化交会之处，德意志的坚毅、尼德兰的冷静和法兰西的浪漫便在此过渡成比利时人特有的独立、幽默、乐观。

很少有这样一个国家，国土面积狭小却南北存在巨大差异，且能彼此和谐相处。在比利时，以安特卫普为主的北部地区是荷兰语区，文化和城市深受荷兰的影响，而以布鲁塞尔为主的南部地区却是法语区，处处能感受到法国的浪漫和洒脱。北部传统上以工业为主，南部以农业为主；北部的城市化比较成熟，南部却有着像法国一样的大片农田。南北部个性分明却又和谐统一，这实属难得。

比利时工业高度发达。它是除英国以外，最先进入工业化的国家，较为著名的工业有电子、通信、制药、汽车、钻石、化学、纺织、核电等，工业占国民经济33%，农业占2%，服务业占65%。

比利时经济十分依赖国际贸易，是世界十大商品进出口国之一，大约

欧洲联盟

2/3 的 GDP 来自出口。人均出口一度是德国的 2 倍、日本的 6 倍，居世界第一。比利时在我国上海的贝尔（通信）公司、在西安的杨森制药都有很大的知名度。

次日凌晨 2 点，终于到达目的地——比利时皇家高级国防学院（Institut Royale Superieur de Defense，IRSD）。此时已是深夜，除了几盏昏暗的路灯外，眼前的一切笼罩在一片漆黑之中，加之一路奔波的倦意，我对学院已经没有曾经心中想象的那种兴奋了。"房间冰箱里准备有吃的，明天上午 10 点在一楼会议室集合。"丹尼尔把我送下了车，一字一句地说。我确实有点儿饿了，因初来乍到，人生地不熟，对学院考虑得如此细致周到，心中充满了暖意。"Bonne nuit（晚安）！""Bonne nuit（晚安），Merci（谢谢）！"我对丹尼尔表示感谢。送走丹尼尔，来到陌生的宿舍。我以最快的速度洗了澡，躺在床上，眼睛已经不由自主地闭上了，思绪却还在飞扬……

这就是比利时了？这就是比利时了！

明天又将有什么在等待着我呢？不知道。我唯一知道的，是现在在比利时皇家高级国防学院！

"战争学校"的诞生

比利时皇家高级国防学院，位于比利时首都布鲁塞尔西北郊，自 1869 年建立以来，院校教育已走过了近 150 年的发展历程。对于布鲁塞尔，大家并不陌生，它市内分布的国际组织数量仅次于纽约，位列世界第二。许多与欧盟相关的国际组织集中在布鲁塞尔，因而布鲁塞尔享有"欧洲首都"之称。此外布鲁塞尔也是 200 多个国际行政中心及超过 1 000 多个官方团体的日常会议举办城市。

学院早期称"战争学校"，1956 年改为现名，是比利时一所最高军事学府，相当于我军的国防大学。作为一所历史悠久的百年名校，比利时皇家高级国防学院教学体系日益成熟，日臻完善，为比利时军队乃至世界各国培养了一批又一批出类拔萃的军事指挥军官，如同一颗璀璨的星辰，闪耀在世界军校的星空。

在比利时独立前期，参谋们在通识教育结束之后，一般会到陆军军官学校接受训练，课程主要包括军事技术、地形学和防御工事，这些被认为是最重要的。1865 年，利奥波德二世继任比利时国王之后，效仿法国体制，对军队进行改革，其中包括修订参谋系统的招募和训练规则。1869 年 11 月 12 日，"战争学校"正式成立，并被皇家法令规定为独立机构，但是在行政级别上，还是隶属陆军军官学校，直至 1872 年完全独立。

比利时皇家高级国防学院阵亡学员纪念碑

比利时皇家高级国防学院中心广场

　　1871 年，一个班大约有 30 个军官接受训练，在伊塞克尔的坎布雷庄园（现在的国家地理协会所在地）进行授课。最初，他们持续长达 30 个月不间断地训练。从 1872 年开始，分为三个学年，每十个月为一学年。每学年包括为期九个月的理论学习和一个月的实践，毕业时可直接晋级为少校军衔。1909 年，学校从伊塞克尔迁到位于可滕贝格大街的新大楼里。同年，国王阿尔贝一世登基。考虑到极有可能爆发的战争，年轻的国王命令改革"战争学校"中的参谋课程，更加注重实战技能的培养锻炼。第一次世界大战爆发时，"战争学校"临时解散，当时正在受训的参谋军官们加入动员兵团。51 名学员的名字被永远镌刻在学校的纪念碑上，他们或在战争中牺牲或死于伤病。

　　1919 年，"战争学校"以"军官培训中心"的形式重新开放，这种形式仅仅维持了很短一段时间。1923 年 7 月 13 日皇家法令规定，"战争学校"重获自主教育机构地位，但在第二次世界大战期间，学校自动解散，21 位投入战斗的学员牺牲于战场。1948 年 1 月，"战争学校"又恢复正常。1978 年，学校更名为皇家高级国防学院，至此大约有 730 名比

比利时皇家高级国防学院外马路

利时参谋和 150 名外国参谋获得了国家认证。1991 年，学院从可滕贝格大街迁到雷根。

皇家高级国防学院直接隶属国防部，担负着高级和中级军官大学后的继续教育责任。学院主要设有学习部、技术管理部和国防研究中心。学习部下属有陆军系、海军系、空军系、联合作战系、安全防御系、领导管理和交流系、军事管理系和医疗服务系。校园里几乎每一栋建筑都是古建筑，充满沧桑感，其中错落有致的陈设是一道不可忽略的风景线，说它是风景，主要是因为它们在校园中起着画龙点睛的作用，实际上这些特殊的陈设更凝聚着设计者更深的文化内涵，以及润物细无声的情景教育目的。比如，学院主楼前学员阵亡纪念牌，就是为纪念在第一次世界大战和第二次世界大战中牺牲的学员而设立的。学院没有专门的政治课来进行爱国主义教育，但是在这种潜移默化的熏陶中，谁也不会轻易忽略它的作用。

培养目标

作为比利时国家安全体系的重要组成部分，其办院宗旨就是贯彻和发展总体防御思想，为建立和完善总体防御体系培养各方面的领导者。比利时认为，作为一个西欧小国，仅仅依靠有限的国防军无法满足国家安全的需要，国家安全面临的威胁也日趋多元化，不仅是可能发生的战争，而且和平时期的自然灾难、恐怖主义活动、经济危机，以及社会生活中出现的

学院阶梯教室

其他突发事件都会对国家安全造成重大危害。

因此，必须树立广义安全观念，将所有社会资源统一纳入危机处理系统，形成包括军事、民事、政治、经济、外交、意识形态乃至心理等在内的全方位的总体防御体系，才能应对各种危机和挑战。这一宗旨在学院所担负的教学、科研和对外交往等三项主要任务中得到充分的体现。

在教学上，不仅为军队培养指挥官，而且从20世纪90年代之后，逐步吸收地方工商界和政府官员来院受训，开始了面向全社会培养总体防御人才的尝试。在科研上，其目的在于不断深化和发展总体防御思想，为国家安全提供政策建议，同时也是为了提高教学质量，并为其他院校的教育训练提供理论依据。在对外交往上，其触角无处不在。在国内，不仅与国防部、外交部、北约等军队和政府各部门保持密切的联系，而且与企业、媒体、高等院校乃至红十字会、许多民间组织也建立了广泛的合作关系。当年开学典礼时，菲力普王子、北约秘书长洛德·罗伯逊出席了学院庆典活动。在国外，学院的合作单位遍及整个欧洲，并扩展到亚洲和非洲的一些国家。

学院明确把教学目标定位在培养善用大脑运筹帷幄的军事家，突出联合作战中的"指挥谋略"和"创新意识"能力，而不是把军官培养成能用双手持枪操炮的勇夫。因此，学院教学瞄准大战略，重视教学内容的改革和更新，目标是使学员具有在高级岗位上指导和管理国防、安全和其他有关领域公共政策的能力。冷战结束后，作战对象的变化对比利时三军军官的课程设置没有多大影响，但对中、高级院校和军种专业技术学校的课程设置影响颇大。

以欧洲战场和对苏作战为背景的课程，被在中东和远东地区进行局部战争、维和行动和应付突发恐怖事件的课程所取代。比军认为，在现在和未来的战场上，联合作战是比利时的主要作战方式，因此，比利时军事院

作者宿舍外校园景色

校在保持传统课程的同时，增设了信息战的课程。为适应新的"全维作战"理论，该院把联合盟军作战作为训练重点，并增设了联合作战和盟军作战的课程。现在，该院教育计划中有70%的课程是关于多军种联合作战与多国联盟作战问题。

近年来，皇家高级国防学院把培养信息时代的职业军官作为教育改革的方向和基本任务。比军认为，未来的战场上军民合作是必需的，因此，在皇家高级国防学院课程中增设了如何与新闻媒体进行交流，如何在国会做证，如何参与外交谈判，如何为政府提供咨询，如何组织举办记者招待会，对一个大型企业如何进行战略管理等课程。这种根据未来战场需要设置课程的做法，为培养适合未来作战需要的指挥官奠定了坚实的基础。

教学课程设置

在西方国家教育体系中，一般都是以圣诞节和复活节两个假期为分界线，一个学年被分为三个学期。当时，比利时皇家高级国防学院主要实施四种教育。

参谋基础课程，其目的是使学员熟练掌握参谋的基本技能，比如部队现行的一些基本管理方法、组织结构以及口头和文书的基本技巧等。该课程时间为6个星期，其中3个星期为公共部分，内容有参谋工作、部队的组织编制、交流的基本技巧、比利时国家安全防御政策、武装冲突法等。另外的3个星期为各军种专业课程。

高级参谋预备课程，其目的是对即将晋升高级职务的军官进行职业培训，着重学习国家安全政策、国际关系、军事战略、战役指挥等课程，提高指挥与决策能力，使学员获得高级军官的一般性教育，同时为预提少校军官准备专业考试。该课程时间为1学年，包括三大部分：公共基础阶段

学术讲座

8 个星期，作战和管理阶段 21 个星期，专业训练阶段 6 个星期。

高级参谋课程，其目的是准备高级参谋在国内和国际背景下履行参谋和指挥的高级能力，特别要使学员在以下方面得到加强：国际关系背景下的战略概念、学员本身专业相关军兵种知识、联合作战理论、各种危机的管理等。同时使学员熟悉比利时军队、外国军队和大型地方企业的一些现代管理方法。该课程时间为 1 学年，教学内容包括三大部分：联合作战理论、安全防御政策、领导管理战略。

在第三专题的领导管理战略学习中，学员除了学习了解国际性组织基本知识外，还要组织去国外进行参观见学。"领导艺术"作为一门主课始终是皇家高级国防学院课堂讲授的一个重点，在系统学习知识的基础上，要开展一系列的讨论交流，研讨领导职能和怎样才能成为一个有能力的领导者。

军事高级管理课程，其目的是培养部队指挥、司法、财经等各类高

野外教学

级管理人才。该课程包括必修部分 11 个月，补充部分 4 个月。除以上四种主要教育外，有时也举办各种培训班，如武装冲突法律顾问班、预备役部队晋升上尉或少校班、高级预备役军官轮训班等，时间一般为 3 个月。

学院根据部队实战需求，严格把握教学质量标准，体现在说一不二的全程"淘汰"上。对学员的严格要求主要体现在入学难和毕业难上。中、高级院校入学虽无须考试，但需本人申请，单位推荐，并且对年龄、军龄、军衔、职务有严格的规定。总之，要进入军校学习确实不易，但进入军校后要成为一名合格的毕业生也同样不容易，学员只有被授予徽章，获得国王亲自签发的毕业证，才标志着学习的成功。

在整个学习过程中，学院都有严格的考核措施。以我所学的高级参谋课程为例，全年分 3 次成绩评定，最终成绩又由多个部分组成，包括平时讨论发言、小组报告、个人作业、作风养成、presentation 和论文成绩等，

校园一角

只要某个部分的成绩不合格，不论总分有多高，这门课的最终成绩都不及格。不合格者，将随时被淘汰，外国学员与比利时本国学员一视同仁。

结果，期末考试尚未全面开始，有些人就已经有功课挂了红灯。考核过程中，有 1 名外国学员被学院考查不合格淘汰，1 名比利时本国学员做退学处理。最后论文答辩期间，又有 1 名外国学员因论文没通过没有获得学位。高级参谋预备班有 9 名比利时本国学员因学院训练要求严、强度大，而主动打报告要求退学。正是严把了入学关和毕业关，才有效地提高了学员在学校里的学习训练质量，毕业生大都具有较高的素质，能够胜任部队的工作。

主要特点

出国之前，我曾在国内某军事院校从事教学管理工作多年。令我惊讶的是，学院能把一个学年的教学计划规划得十分精准，每个学员几乎都能在开学的第一天就知道整个年度每个教学日的安排，学员可以按照入学时下发的时间表安排自己的学习生活。事实上，比利时学员就是这样翻着一页页教学计划来筹划他们的未来生活，很多人会提前几个月就订好某个周末到什么地方度假的机票。我那时真担心，要是几个月后的那个周末学校的教学工作有变化该怎么办呢？

但事实证明，在皇家高级国防学院一年的学习生活中，由于事先有了教学计划，不论是学习训练还是生活休闲，从来都是疏密有序、张弛有度，没有过一丝打乱仗的慌乱感觉，生活、学习中的时间利用率极高。同学们到了长周末、正规假期等都没有遇到过加班加点的工作，以及突如其来的事务打扰，该探亲的探亲、该访友的访友，生活节奏就像闻名世界的大本钟一样稳定、准时。要了解一支军队的作战能力强弱，不一定要在血与火

参观比利时舰艇部队

的战场上去考察，仔细分析平时工作时的一些小细节就会让你找到问题的答案。比如，对工作的计划能力和实施能力就是体现一支部队战斗能力的一个重要方面。如果一支部队能够长时间有条不紊地计划和实施自己的教育训练工作，那么基本上可以推想，在未来作战中这支部队的指挥机构在作战运筹中会镇定自若，部队的行动按照作战计划实施时会成熟有序。

在教学理念上，比利时皇家高级国防学院院长欧文（Owen）少将认为，学院不是在教学员什么，而是给他们信息，让他们互相学习，得出自己的结论。在激烈的观点交锋中磨炼，可以促使学员的思想敏锐与成熟。

为便于信息流动快速、顺畅，学院始终坚持开放办学。首先是广泛接收外军学员。在该院，除北约国家的军官外，还承训有中国、黎巴嫩、摩洛哥、阿尔吉利亚等20多个国家的军官。一般来说，学院每半月举行一次学术讲座，每次都邀请有关国家大使、武官参加，望着色彩斑斓的各国国旗和军服，有时真让人仿佛置身于联合国某一次会议之中。每个学员原

参加学院宴会

则上都要为学校讲一课，内容自选。学院提倡讲出自己的经验之谈和印象最深的体会。学员讲座一般讲 40 分钟，提问 20 分钟。这种计划之内的"兵教兵"，很受大家欢迎，起到了教授们起不到的作用。

学院大量聘请地方院校专家或政府机构人员进行讲课。学院在编教员不到 10%，其中大多数来自西欧地区高等学术机构，尤其是比利时鲁汶大学、自由大学，法国巴黎大学等。如学院开设的"联合作战理论"课，就聘请法国高级防务学院的教官任教。学院认为，学员需要听各种高水平的讲课，而这样的教授和高级官员当然难以都网罗收编在同一所学院里，与其这样，不如干脆全部聘请，既方便又省钱。有时在课堂上有两三名老师，在主讲老师的授课过程中，若其他老师有补充，通过一个眼神或一个手势，另一位随即可以进行发言。有趣的是，一次在讲巴以关系时，校方上午请了一位巴勒斯坦教授讲巴方观点，下午请了一位以色列教授讲以方观点，双方的观点有很大的不同，讲演时都很激动，颇有点"正反辩手过招"的味道。

学院开设一门叫作"学习旅行"的课程，占总教学日的 15%，主要是组织学员到国内外参观访问，进行实地和战场考察，以开阔眼界，丰富知识。

比利时啤酒是全世界有名的，以其丰富、精致，又极具个性化的特征在世界啤酒文化中书写了独特的一页。在这个人口仅 1 000 万，面积仅 3 万平方公里的国度，酿造着 300 种以上口味迥异的啤酒。更为人们津津乐道的是，这 300 种以上的啤酒均拥有各自特制的酒杯和酒幡，当地的人们更是严格地使用特制的酒杯饮用啤酒，并为这种近乎苛刻的方式而自豪。

为了使学员真正了解跨国公司领导人如何对一个大型企业进行战略管理，以及经济全球化趋势意味着什么，我们对比利时最大的啤酒厂进行了参观。在参观过程中，我还向董事长提了一个问题：与中国在这方面交流与合作得怎么样？当时，他就非常客气地对我说，他们现在已经作出了一个战略性计划，对中国的市场非常看好，中国将成为该厂的第一大客户，包括技术上的合作、销售量等。

上课讨论

我们还到了比利时国家电视台，专业记者就一个主题轮流对每个人进行一次采访，然后逐个进行讲评，包括被采访者的着装、回答问题的技巧等，因为我们大多是第一次上镜，大家既感到新鲜刺激、比较好玩，同时也对如何与新闻媒体打交道有了更深的了解。为了配合过程管理、目标管理这一课教学，我们还到了比利时最大的炼钢厂、枪械制造厂参观。还比如，我们到了安哥拉的卢旺达，真实地看见了难民营遍布市区，难民们垂死挣扎在死亡线的边缘，就对战争的本质、南北差距的进一步拉大确实有了更深刻的体验。

学院认为，现代战争和危机的发生是包罗万象的复杂现象，需要军政领导人具有对国内国际形势的准确判断能力和决策能力，需要具有广泛的背景知识。没有这些知识，缺乏这种判断能力，就会直接影响其决策质量，这是事关国家利益的大事，是对成熟的现代军政领导人异常重要的素质要求。而实地体验、真实感受和所见所闻往往会对未来军政领导人的判断能力、决策能力产生很大的影响。

教学之道

比利时皇家高级国防学院教学遵循的指导思想是：如何思考重于思考什么。他们认为，对于未来在复杂的战场环境中要解决的问题，大多是不可预测的，不可能预先就知道答案，只有那些具有深刻洞察力和创造性思考能力的指挥官，才能应对未知事件的挑战。

在学习过程中教员采用的教学方法主要是提问式和研讨式，教员在课堂上的主要任务就是引导学员提出问题，鼓励学员发表与他人不同的观点和组织讨论。几乎每一门课都有让学员走上讲台表现自我的内容，有些课甚至还将自我表现纳入考试的范畴。因为学生们在讲台上的表现往往会影响到其本门课的最终成绩，所以没有人敢掉以轻心，大家都会认真准备，从收集材料到辅助教学器材的应用都一丝不苟。刚来时我感到特别不适应的一点就是，站在讲台上，除了要发表自己对老师所提问题的观点与看法，

开学典礼

还要时刻准备着回答下面的提问，有时还真有点儿"发动群众斗群众"的味道，这种阵势确实需要几分胆量才行。

教学模式的主流是开放式的，其形式和氛围也要体现开放。比利时是一个语言较复杂的国家，根据学员掌握语言的熟练程度，学院经常分语种分班实施教学。教室在整体布局上呈现出研讨式风格，小教室里的桌椅，呈"U"字形布置在教室三面，学员面对面就座，教官可在中间过道随意走动。进行集体讨论和辅导教学时，大家均可毫无障碍地或彼此间或与教官面对面讨论问题、交流看法；进行分组讨论和演习分组作业时，或将教室中间的隔板拉起，立时将教室一分为二，或将简易桌椅根据需要进行重组，"U"字形布局在小规模教学活动中凸显其灵活多变的优势。

学院注重实案教学，以高级参谋课程为例，全年有三分之二多的时间是由学员自己分组讨论、图上作业、模拟情况演练、实地考察等，而且更多的是利用部队的真人真事进行实例教学。印象比较深的是，我们对《比利时军队现代化建设发展战略规划》进行讨论，基本上每位学员都进行了

学术讲座

发言，真正做到了人人张口，人人有提高。在课室后面的板报墙上，可以看到学员们自发找到的各种最新武器装备图片，以及当前世界军事动态信息等，当然，毋庸置疑，教员肯定是引导大家研究的指导者，学员正是沿着教官的指引方向进行探求，从中学到更多的知识。

有意思的是，在几乎每堂课的多媒体教学后，教员总是会别出心裁地弄几张幽默搞笑图片，博取大家开心一笑，使学员紧张的心情得到放松。有一次上课，一位同学因忘了关手机而发出类似电报的嘀嘀来电声音，教授立即半开玩笑：这是谁在向莫斯科发电报啊？全班哄堂大笑。当时，我想，幸亏没有俄罗斯同学，虽然教员没有恶意，纯属开玩笑，但难免有点儿尴尬。

院校既是教学机构，又是科研和军事学术研究中心，不断增大科研工作的力度，把院校办成教学、科研两个中心，以教学促科研，以科研带教学，扩大科研成果的使用率，使之为院校教学服务，为军事科学的发展服务。在学院每半月有一次大型学术讲座，邀请来学院授课和听课的专家有

参观比利时工厂

比利时、法国、英国等著名地方大学的教授，各国大使馆大使、武官，政府议员、部队专家、地方大型企业董事长等。每次讲座全院人员需统一穿礼服参加，会后还有酒会。我体会，要求着礼服，更多的是体现了一种尊重人才、尊重学术的良好氛围；安排酒会，一方面是答谢演讲者，另一方面也便于大家交流。

团队精神和领导能力的培养是一个漫长的过程，它同样需要学员在课内外学习的锻炼，除了值日值勤等训练实践课程外，学院也在不同的场合为学员创造锻炼能力的机会。日常管理活动就是学院提高学员管理能力的一个好环境。与我军的很多军事院校不同，皇家高级国防学院的学员队不设队干部，所有事务性的管理工作都由学员轮流负责，甚至一些全校性的活动有时也由学员负责组织。刚开始我还以为教官好像不太负责任，很少手把手地带着学员一起身体力行，但是，后来我发现绝大多数的教官在培养学员的能力方面是相当称职的。很多的教官会在适当的时候不失时机地点拨你遇到的问题，对于面临困境的学员，教官们会拿出他们的耐心和责任心给予极大的鼓励和支持。"Bon courage！（加油！）"这样的话几乎变成了教官们的一句口头禅。

每星期课程结束后，要求学员在下周二前将填写好的教学反馈表上交学习部，教学管理干部负责分析总结之后在每周一上课前一小时，将反馈情况向学员通报。大部分学员反映较差的课和教员，学院将考虑在下一步作相应的调整。"要随时准备战斗！"我是第二位在该院学习的中国学员，上一届老大哥在我出国前向他取经时如是对我说。

有一次上课过程中，教员提到了国际武装冲突法中的严禁打击目标，各国大使馆、领事馆均在重点保护之列时，我就以美国为首的北约轰炸我驻南斯拉夫大使馆提问，为什么此次事件还是发生了，原因何在。教员有所顾虑，含糊其词，没有作正面回答，结果在下星期情况反馈时，包括我在内全班有 25 位同学提出了意见，教学管理人员表示要向院长和该任课教员反映，这给我留下了较深的印象。

高质量的师资队伍

作为比利时的军事名校，皇家高级国防学院继承并发扬了比利时崇尚自由的优良传统，学校在有限的师资编制中，广开门路，倡导博学，追随

外出参观时与老师合影

品质，最大限度地提升师资队伍的力量，确保皇家高级国防学院学员的培训质量。

学院坚信只有高质量的师资队伍才能造就富有责任感的军官队伍。学院认为：军校的教员应当既是学者，又是教育家，还要成为社会活动家，同时他们还必须具有高尚的人格，并将精湛的科学文化修养与高度的社会责任感结合在一起。基于教员编制有限的情况，学校大量聘请其他军校教员和地方人员讲课，以拓宽学员的知识面，既保证了教学质量，又压缩了编制。

比利时军队甚至采用条令的方式规定担任分队指挥、战术课程的教员必须来自部队，都必须在自己所讲述的一级战术分队中担任过 3 年以上指挥官，因而在皇家高级国防学院的战术、指挥课程中，根本不存在教员的军衔低于学员军衔的现象。

在学院中讲授技术操作的教员大部分是士官，而军官非常少。院校间教员的横向交流非常广泛，特别是在讲授不同军兵种作战协同课程时，一般由来自那个军兵种院校的教员来讲述自己军兵种的作战适用原则。

学院要求所有教员必须具有部队实践或相应工作经验。在学院中不存在从院校到院校的单一经历的教员，特别是指挥和战术教员，都是采取岗位轮换的方式，从部队轮换到院校，然后再从院校轮换到部队。学院从院长到教官、管理军官都遵循任期两年的规定，一律有军校任职 / 任教—部队 / 指挥机关 / 海外作战任职—军校任职 / 任教的循环经历，这使得他们在军校管理和教学工作中能充分展示其丰富的实战和指挥经验，并能有效地帮助学员从理论高度去认识和总结这些经验，从而为信息化条件下联合作战进行充分准备。

学院教员总数远远超过既定的编制数，主要由五类人员组成。一是在

上课场景

编的军职和文职教员。在编的军职和文职教员中，军职教员大多为校级军官；文职教员大多为教授、副教授。在编教员几乎都是教学骨干力量，承担各科教学任务。二是其他军校的军职教员。这类教员主要来自比利时的各类高级军校，大部分为校级军官，主要从事军事战略、防务思想、国际军事关系与战役战术等课程的教学工作。这样既可以节省编制，不必为课时不多的专业单独设编，同时又可以保证教学质量，因为这些教员常年教授某个专业，对情况掌握得比较新，对讲解的内容也很熟悉，而且都具有较高的研究水平。三是比利时高教部派往军校的教员。根据比利时高等教育制度规定，凡属国家重点高校，无论是地方院校还是军队院校，高教部都必须派遣一定比例的教员，以保证教学的质量和教学内容符合国家规定。高教部派出的教员均有讲师以上的职称，在皇家高级国防学院的教学中承担了重要的教学任务。四是从地方聘请的合同教员。从地方聘请的合同教员大部分是某一方面的专家学者或高级研究人员，都具有研究员、副教授或教授以上职称，主要承担一些文化课的教学任务。为保证教学的质量和连续性，这些教员要同学校签订合同，合同期一般为3—5年，而且合同必须在任教1年之前签订。五是服兵役的大学毕业生。由于大学毕业生具有较高的科学文化水平，学校还会根据情况招收部分服兵役的国家重点院校毕业生担任学校教授、副教授和专家学者的助手，个别还可以独自承担部队教学任务，以更好地保障教学需要。可以看出，皇家高级国防学院教员队伍种类和层次很多，为学员接受不同层次的知识创造了便利条件，也为学院产生新的思想和学科专业建设创造了有利条件。

五

比国彼军

比利时军事管窥

比利时《宪法》规定，国王为武装力量最高统帅，国王通过国防部和总参谋部对全国武装力量实施领导指挥。在和平时期，国王授权国防大臣领导全国武装力量。议会负责批准国王预算和与军事有关的法律。政府负责制定防务政策。内阁防务委员会是最高军事决策机构，同时是国王的最高防务咨询机构，成员包括首相、国防大臣、外交大臣、内务大臣等，由首相任主席。"国内防务问题委员会"是协调内阁各部防务事宜的机构，由军人、外交官和公职人员专家组成，直接对首相负责，为内阁防务委员会会议做准备工作，战时改名为"防务技术秘书处"，协助内阁对防务问题做出决策。

作为政府中的一个部，国防部是比利时武装力量最高领导机构。国防大臣在首相的领导下，负责制定和执行防务政策，领导国防建设和军队建设。总参谋部是最高军事指挥机构（1830—1958 年，比利时的军队由战争部领导。1958 年后创建总参

比利时军人

谋部），下辖陆、海、空军参谋部和卫生部队参谋部。比利时各兵种均有各自的参谋部，其下设不同的职能部门，这使军队指挥结构多有重叠。因此，比利时国防部计划将全军的指挥机构统一化。2002 年，国防部下设的国防参谋部取代了原有的总参谋部，成为最高军事指挥机构，直接领导海军、陆军、空军和卫生部队的各个部门。这样便实现了精兵简政，压缩国防开支。

比利时现任武装力量最高统帅是国王菲利普一世（2013 年 7 月即位）；国防大臣为卢迪万·德唐德（Ludivine Dedonder）；现任国防参谋长为米歇尔·霍夫曼（Michel Hofman）。国防参谋部下设人事部、预算部、作战部、物资部、设备部，以及负责采购、情报与安全的职能部门。国防参谋长是武装力量的最高长官和国防大臣的主要助手。他在政府制定的框架内负责军队的建设和管理。

比利时于 1830 年自荷兰独立，其成立时宣布作为一个中立国家，边境分别由法国、英国和普鲁士军队保卫，因此比利时当局认为无须成立一支永久性军队，以节省巨额的军事开支，取而代之的是依靠当时的国民警卫队等民兵组织进行国内安全保卫。然而这样的政策执行时间不长就出现了很多问题，比利时当局意识到需要立即成立一支正规部队，于是组建了比利时武装部队。

比利时作为一个中立国家，其武装部队在 19 世纪时主要作为国土防御部队，部署在与荷兰、普鲁士和法国接壤的边境地区。该部队最初时计划征兵 2 万人，但征兵困难导致人员一直不足。1870 年普法战争爆发，比利时武装部队很好地保卫该国不被战火侵扰，自此之后，该部队获得更多的保障，并在 1913 年建立全民义务服兵役制度，使部队人数大量增长，到"一战"爆发前，该部队下辖 19 个步兵团、10 个骑兵团和 8 个炮兵团，除此之外还有工兵部队、突击部队、堡垒守卫部队和国民警卫队等支援部队。

　　"一战"开始时，比利时武装部队正经历内部重组。由于比利时快速被德军侵占，因此不得不加入"一战"，但其在整个"一战"过程中的主要任务并不是攻击作战，而是保护重要地区。到 1918 年 5 月，其拥有人员 166 000 人，分为 12 个步兵师和 1 个骑兵师。"一战"结束后，其武装部队并未将财力花费在购买坦克和飞机等装备上，而是用于加强与法国、荷兰、德国边境的防御工事，并且与英军及法军结成同盟，直到 1936 年。

　　"二战"开始后，德国于 1939 年入侵波兰，英军及法军再次寻求与比利时武装部队结成同盟，但却被比利时国王拒绝，致使比利时于 1940 年 5 月被德军侵占并打败，大部分比利时士兵和平民逃亡到英国并组成比利时流亡部队。该流亡部队下辖的比利时第一步兵旅也被称为披龙旅，成立后多次参与诺曼底登陆等重要战斗，赢得了荣誉。除了组成比利时流亡部队外，比利时士兵还在英国特种部队中服役，并与荷兰、法国、挪威和波兰流亡士兵一起组成 10 个联合突击队，曾参与荷兰瓦尔赫伦岛登陆等战斗。此外，英国特别空勤团中的第 5 中队全部由比利时士兵组成；英国

比利时军人

皇家空军中第 349 中队和第 350 中队也完全由比利时士兵组成，拥有 400 多名飞行员。

"二战"结束后，比利时于 1948 年加入北约，但其武装部队一直未整合到北约部队中，直到朝鲜战争爆发。

此后，比利时武装部队在比利时非洲殖民地刚果建立了两个军事基地，一旦比利时再次遭到入侵，就能够从这两个军事基地调遣人员和装备。

现阶段，作为北约和欧盟成员国，比利时武装部队正在进行重组，以便更加快速地应对在全球范围内发生的人道主义危机和灾难，并在需要的地点进行维和。为此，比利时武装部队正在逐步淘汰所有履带式车辆，换用轮式车辆；空军购买新型飞机和直升机，用于执行人道主义救援任务。

比利时国防开支占国内生产总值的比例，远低于西欧和北约主要国家的平均水平（2%）。由于财政方面的压力和出于对新战略的考虑，比利时政府计划逐渐减少军队人数，以便将更多经费用于购买军事设备和开展军事行动。时任国防大臣范德普在 2014 年的《战略计划》中提出，2030 年时要争取将用于人员的开支从现在的 70% 压缩到国防开支的 50%。近年来，为密切军队与社会的关系，比利时国防部推动军队向社会开放，同时鼓励社会各界了解军队。与此同时，

比利时军校学员

比利时当局还制定了对复员转业军人的优惠政策。经过努力，自愿参军的青年数量明显增加。

比利时的军衔共有 5 等 17 级。军官的军衔分 3 等 9 级。将官分中将、少将，校官分上校、中校、少校，尉官分大尉、上尉、中尉、少尉。军士分 6 级，军士长、军士、一级上士、上士、中士、下士。士兵分 2 级，一等兵、二等兵。军官的最高服役年龄是将官 61 岁，校官 56 岁，尉官 51 岁。需要说明的是，在比利时武装部队中，陆军、空军和医疗部队使用相同的比利时独有军衔，而海军的军衔则与全世界其他国家海军部队的军衔相同。

国防政策

国防事务在比利时政府事务中不占主要地位。冷战结束后，为适应形势的变化，比利时当局实行了国防现代化改革。1993 年，比利时最早取消义务兵役制，完全实行军队职业化。8 年后，为了适应国际局势提出的新挑战，比利时开始对军队进行深入的结构性改革。2000 年 3 月，比利时国防部召开欧洲防务国际研讨会，确定比利时军队建设新思路。2000 年 5 月，政府通过《比利时武装力量现代化战略计划（2000—2015）》，这是比利时第一次制订全面的国防现代化计划。国防现代化目标之一是提高军队素质和战斗力，以适应欧洲防务和北大西洋公约组织的要求。

比利时军校学员

国防现代化的措施包括提高军队素质，减少部队人员，以达到少而精的目标。政府计划将现役部队从原来的 4.45 万人逐步缩减到 3 万人（2015年预计）。军队人员年龄结构也在改善，平均年龄从 36.4 岁降到了 33 岁。此外，比利时计划推动军事装备标准化和机械化，提高空中运输和移动能力；加强特种部队的行动能力（如解救人质）；增加多功能战斗机的数量，扩大空中、海上和地面运输能力；改进排雷设施，加强救护能力等。为实现以上改革，比利时政府将提高国防预算。在经费使用中，用于提高人员素质和改进设备的开支比例明显增加。

国防现代化目标之二是加强军队适应在国外执行干预行动的能力。比利时十分重视在国外参加军事干预行动，以加强本国的国际地位和影响。比利时政府曾派出大量部队参与联合国的维和行动、救灾行动以及北约的军事合作行动。

由于比利时属欧洲小国，军事力量十分有限，它只能靠国际合作的方式达到事半功倍的效果。比利时在北约、欧盟、西欧联盟等框架内经常与各成员国会晤，以使其在国外的行动更加明确和有效。在欧盟框架内，比利时国防部长与其他国家的国防部长和外交部长定期会晤，共同制定欧洲安全和防务政策。对比利时而言，与欧洲其他伙伴加强合作使其可以获得协同和互补的益处，并可降低行动的成本和提高效率。

比利时与荷兰、卢森堡具有十分密切的军事合作关系。从 1992 年起，卢森堡的部分军队定期与比利时军队合作。比利时与荷兰、卢森堡于 1996年签署空军合作协议，决定共同训练，实行人员和技术交流，共同使用设施，共同完成联合国、北约的支援和维和等任务。根据协议，三国空军由一常设机构计划开展共同训练，协调空军力量。比利时与荷兰空军从 1996年起便组成混编部队共同在巴尔干执行任务。比、荷、卢三国的海军也开展了积极合作。早在 1948 年，比利时与荷兰的国防大臣便签订了军队组织、战术和武器标准化协议。后来，该协议扩展到扫雷行动、战术培训和协同作战等方面。1994 年，两国海军创建了一个共同指挥部。从 1996 年起，比、荷海军共同指挥部开始执行比、荷、卢三国的国防和国际维和行动。共同指挥部的正、副指挥官分别轮流由两国军人担任。这使比利时海军得以在国际范围内参加一些大规模的军事行动。

比利时还与法国、希腊、奥地利等国进行了军事合作。1996 年，比利时与法国国防部签署合作框架协议，旨在扩大两国海军在训练、培训、供给和共同作战方面的合作。在第一次海湾战争中，比、法两国海军实现了共同协调行动。此外，比利时空军与葡萄牙、卢森堡空军在科索沃共同执行侦察任务。近年来，为进一步压缩国防开支和适应新的国际局势，比利时的一些政治家和舆论还提出了将比利时军队与荷兰军队合二为一的主张。

武装力量

比利时武装部队成立于 1830 年 10 月，目前由正规军和预备役部队组成，正规军分陆军、海军、空军和卫生部队四个军种。2013 年，现役军人共有 20 200 人，其中陆军 11 000 人，空军 6 100 人，海军 1 500 人，卫生部队 1 600 人。比利时军队中的文职人员

比利时军人

和辅助人员有 12 800 余人。另外，比利时还有预备役人员 6 900 余人。由于比利时军队大部分兵力平时已经编入北约中欧司令部序列，故战时实际上归北约盟军最高司令部指挥。

1. 陆军

比利时陆军的主要任务包括维护欧洲集体安全、实行人道主义干预、保卫国土安全、救灾助民等。陆军下设作战指挥部、战斗支援部、后勤支援部。作战指挥部下设第一机械化师、特种空降部队、轻型航空部队，以及 5 个训练营。战斗支援部负责军事培训和支持作战，下属 5 个营，以及炮兵、装甲兵、工兵、通信、航空、后勤等十多个专业的军校和培训中心。后勤支援部负责提供部队所需的物资、设施和交通工具。该部门后勤和运输部队包括 5 个分管陆军装备的专业，以及 1 个运输营。维护部队由北部、中部和南部 3 个部分组成。第 29 后勤营为承担紧急任务的多功能独立营。陆军作战部队主要沿本土东部和北部一线部署。

陆军的主要装备包括：主战坦克"豹"IA5 型 132 辆、"豹"IA1 型

比利时军队

23 辆；装甲侦察车"大湾刀"式 141 辆；步兵战车 YPR-765 型 230 辆、YPR-765 型派生型 53 辆；装甲输送车 M-113 型 185 辆、M-113 型派生型 112 辆、"斯巴达人"型 115 辆、"斯巴达人"型派生型 79 辆、YPR-765 型 4 辆；牵引炮 105 毫米 19 门；自行炮 105 毫米 18 门、其他口径 100 门；反坦克导弹"米兰"420 具、M-113 型 56 具；迫击炮 107 毫米 90 门、120 毫米 2 门、81 毫米 100 门；高炮 35 毫米自行式 51 门；地空导弹"西北风"118 部；飞机"岛民"BN-2A 型 10 架；无人驾驶机"食雀鹰"式 28 架；直升机 78 架。

目前比利时陆军部队使用的所有武器都是比利时的 FN 公司产品，其中标准步枪为 FNC 自动步枪，辅助武器为勃朗宁大威力手枪，此外，F2000 突击步枪及 57 手枪也有使用，米尼米轻机枪和 MAG 轻机枪作为压制性武器使用。FN 公司的 SCAR 突击步枪则被特种部队集团使用。

2. 海军

比利时海军创建于 1831 年，由于比利时政府奉行近海防御战略，因此其海军的特点是小而精。在后来的 100 多年中，比利时海军经历过多次覆灭和再生。1946 年，比利时皇家海军正式建立。比利时海军被赋予的任务是：在出现危机和战争时与盟军协同行动，控制危机，保卫国际秩序；保卫本国海疆、港口，防止空中袭击和海上袭击；保障比利时在海上的利益，保护外交人员和商务人员；与盟军进行技术方面和军事方面的合作，参加人道主义救援行动；协助本国的海洋研究，监督渔业活动；防止海洋污染，协助海上警察和海关执行公务；探测沉船；海上救援；培训商船人员，巡视领海和专属经济区；排除海上爆炸物，为应对危机和战争做准备，参与盟军海上威慑性巡逻等。

比利时海军拥有奥斯坦德、泽布吕赫 2 个基地，设有 1 个作战司令部、

1个后勤司令部、1个训练司令部、1个小型舰队、2个分舰队和1所比荷水雷战学校。比利时海军和荷兰海军由设在荷兰登海尔德的司令部统一指挥。

比利时海军的装备包括：护卫舰"维林根"级3艘；猎雷舰"紫苑"级7艘；扫雷舰"范·哈韦比克"级4艘；指挥与后勤支援舰12艘；勤务舰8艘；直升机"云雀"型3架。

比利时在2007年至2008年接收了2艘"雷尔·多尔曼"级护卫舰"利奥波德一世"号和"路易斯玛利"号。接收这两艘舰之后，把3艘老旧的"维林根"型护卫舰卖给了保加利亚。这两艘新舰频繁地支援国际维稳行动。2009年3个月的时间里，"利奥波德一世"号曾经担任了联合国驻黎巴嫩临时部队的海军部队的旗舰。比利时海军6艘"三伙伴"级猎雷舰也已经完成了升级，并将建造新的支援舰来替换现有的"戈得地雅"号支援舰。

位于比利时安特卫普市的海军学院和皇家军事学校诸兵种班承担海军军官的培养任务。皇家军事学校招收体检合格的17—23岁的青年，并且

外出参观见学

必须用荷兰语和法语通过计算机测试。录取前还要进行谈话和普通教育科目与体育考试。学习时间最长 5 年，这取决于所学专业。学习课程包括在法国"圣女贞德"号直升机母舰和荷兰军舰上进行海上实习。3 年的理论课程结束之后，学员将被授予少尉军衔，然后被派到本国海军舰船上进行为期 1 年的见习。见习结束后，少尉在比利时—荷兰联合学校继续进行为期 2 年的本专业学习。

位于奥斯坦德市的水雷学校为布雷—扫雷部队培养干部，不包括引航员和后勤部门。2006 年初在基地成立了北约训练中心，为北约联合海军布雷—扫雷部队的常设兵团训练人员。位于登海尔德市的指挥人员学校为导弹护卫舰支队培养专业人员，不包括机电、水雷—鱼雷和后勤部门。军需学校培养后勤专业人员。部分军官还被派往英国、法国、荷兰、美国和加拿大的学校受训（向每个国家派遣 1—3 名军官）。

军官只有具有担任相应职务的经历才能被授予海军上尉以下（含海军上尉）的军衔。晋升海军上尉必须在比利时皇家军事学校进行为期 6 个月的集训并通过专业考试。

第二轮晋升是海军少校和海军中校。军事教育的最后阶段是皇家军事学校的高级指挥—参谋集训班，完成进修后可以在海军、国防部和国际司令部担任高级指挥职务。

海军军官补充来源还包括安特卫普商船队航海学校的毕业生和经过一年制复训班培训的士官。这两类出身的军官军衔只能授到海军中校。

水兵训练则在布吕格市海军训练中心进行。训练内容包括：初级军事和海上训练（6 周），专业训练基础（4 周），掌握具体技术装备和武器系统（6 周）。水兵每 6—9 个月在训练中心按专业进行为期 2 周的补充训练。

水兵第一份服役合同为期 2 年或 5 年，至少可以延长 2 年。服役不少于

1年半的合同兵可以成为士官继续服役。根据测试结果，未来的士官进入3所比利时—荷兰学校中的1所、比利时海军学校或训练中心学习。

海军预备役军官每年进行2周复训。复训分两次进行，每次1周。此外志愿预备役的专业人员每年参加为期1周或2周的集训，并要参加海军战术演习，参加军舰出访。总体来说，比利时现行军事教育体制能最大限度地满足本国武装力量对训练有素的高度职业化干部的需求，并完全符合国家战略纲要和武装力量发展计划。

2000年5月6日，比利时海军来访上海的"万德拉尔"号导弹护卫舰，舷号为F9122，属"维林根"级导弹护卫舰，满载吨位2 430吨，装备有"海麻雀"舰空导弹、"飞鱼"反舰导弹等重型武器，是比利时自行研制的，1978年10月27日开始服役。

随舰来访的比利时官兵173人，其中军官16人，士兵157人。访问期间，中国海军对当年的战场敌手表现出了宽容和大度，开创了朝鲜战争

比利时军人在阅兵式上

后两军友谊的新篇章。

3. 空军

比利时空军成立于1910年，1911年5月接收第一架飞机，此后稳定发展，由参谋部、司令部和航空部队三级组成。空军参谋部负责总决策，空军司令部负责指挥，航空部队执行具体命令。参谋部设有计划、作战、人事、通信和后勤等部门。空军参谋长对三军总参谋长和国防大臣负责。空军各航空部队的训练和作战具体由空军司令部安排和指挥。比利时空军力量分为战术中队、作战支援中队、后勤支援中队和航空学校四部分。战术中队负责保卫领空、空中运输和监督航运。作战支援中队负责气候预测、导航和搜寻救护。后勤支援中队负责维护设备和通信。

比利时军方要求空军具备的基本素质是迅速反应、大半径巡逻、功能多且灵活、火力强大准确。因为，当危机和冲突出现时，只有迅速采取行动才能取得主动和有利地位，有效地保卫领空和完成救助行动。行动半径大则可使空军在数千公里内采取干预或补给行动。多功能包括巡逻、战斗、侦察等。火力强大有助于有效完成任务。近年来，比利时空军力图使用高科技、卫星导航等手段，这有助于最大限度地减少人员牺牲，有效打击敌人。空军作战飞机主要部署在首都布鲁塞尔以东地区。主要基地有博沃尚、比耶尔塞、弗洛雷纳、梅尔斯布鲁克、科克赛德等。

比利时空军编有5个攻击战斗机

比利时军人

中队、1 个攻击 / 侦察机中队、2 个运输机中队、4 个教练机中队、1 个搜索救援中队。

空军主要装备包括：攻击 / 战斗机 F-16A 型 72 架、F-16B 型 18 架、"幻影"-5BA 型 12 架、"幻影"-5BR 型 12 架、"幻影"-5BD 型 3 架。运输机"大力神"C-130 型 11 架、"空中客车"-A310-200 型 2 架、HS-748 型 3 架、"猎鹰"-20 型 2 架、"猎鹰"-900 型 1 架、SW-111 A"默林"型 5 架。教练机 SF-260 型 34 架、"阿尔法喷气"式 31 架、CM-170 型 11 架。直升机"海王"MK-48 型 5 架。地空导弹"西北风"24 部、"响尾蛇"AIM-9、"阿姆拉姆"AIM-120 空空导弹、"小牛"AGM-65 空地导弹若干。

比利时军用飞机尾翼标志为国旗，从左到右由黑、黄、红三个相等的垂直长方形组成。机身标志由黑、黄、红三色从内向外组成圆形图案。黑色表示悼念在 1830 年独立战争中牺牲的英雄；黄色象征国家的财富和丰收；红色象征爱国者的生命和热血。

比利时空军飞行人员的训练时间为 7 年，分 4 个阶段进行。

第一阶段为期 5 年，在皇家军事学校接受高等教育。学员在开始学习之前先是为期 6 周的训练营课程。在皇家军事学校学习过程中，学员学习普通教育课程，进行诸兵种训练，接受民用工程教育。学习期间在博韦申空军基地组织两次为期 1 个月的驾驶理论集训班。学员毕业后将获得硕士学位，并授予少尉军衔。

第二阶段进行基础飞行训练，为期 10 个月。该阶段包括驾驶 SF-260 教练机练习飞行，总飞行时间 105 小时，另有 150 小时的课程，学员在此过程中了解、掌握航空技术装备，学习英语和非常情况下的生存技能。在完成第二阶段学习后，学员进行为期 1 个月的军事训练课，他们在此过程中将选择自己未来的飞行专业。

第三阶段是飞行训练提高阶段，根据法比两国国防部协议，该阶段在法国空军基地进行训练。该阶段的内容及其时间取决于学员所选择的飞行专业。歼击轰炸机飞行员在图尔空军基地进行为期 7 个月的训练，驾驶"阿尔法喷气"教练机进行训练飞行，总飞行时间 86 小时。军事运输机飞行员的训练在法国空军第 1 教练机中队（阿沃空军基地）进行，为期 10 个月。在该过程中学员驾驶 EMB-121 教练机进行练习飞行，总飞行时间 105 小时。直升机飞行员的训练时间为 8 个月，在法国陆军航空兵学校的基地（达克斯市）进行。学员驾驶 SA-342M"小羚羊"教练直升机进行训练飞行。

第四阶段是初级战斗训练。和前一阶段一样，其内容和时间取决于所选择的飞行专业。歼击轰炸机飞行员在法国空军第 8 飞行人员战斗训练学校的基地（卡佐市）继续进行 7 个月的学习，驾驶"阿尔法喷气"飞机进行 105 小时的飞行。军事运输机飞行人员在比利时空军第 15 军事运输机联队的教练机中队空军基地（梅尔斯布鲁克市）继续进行 4 个月的训练，驾驶 C-130 飞机进行训练飞行。直升机飞行员在比利时空军直升机大队的基地（比尔斯市）进行 6 个月的训练，驾驶 A109A 直升机，总飞行时间 70 小时。第四阶段结束后，学员将获得驾驶相应机种的许可，并根据飞行专业被派往空军分队。

4. 卫生部队

比利时的卫生部队中包括医生 180 余人，药剂师 30 人，牙医和兽医 15 人，护士 150 余人。卫生部队担任的主要任务是在和平和战争时期救死扶伤。除治疗伤病外，卫生部队还承担疏散伤员，提供血液、药品、医疗器械等任务。兽医则负责治疗各个军事基地的警犬。卫生部队在比利时各地下设医疗队和地区医疗中心。近年来，比利时卫生部队在实行人道主义救援行动中发挥了显著作用。

比利时积极派军队参加联合国、北约等国际组织的维和行动。根据2019年数据，它曾在德国驻有部队约2 000人，即1个机械化步兵旅（下辖1个步兵营、1个炮兵营、1个侦察连）。在联合国驻波黑/克罗地亚边境的维和部队中，有比利时军队550人、军事观察员1人，在驻南斯拉夫维和部队中有900名比利时军人。此外，比利时军队在驻意大利北约空军一体化部队中派有F-16战斗机4架，在印度/巴基斯坦边境派有军事观察员2人，在中东派有军事观察员6人，在西撒哈拉派有军事观察员1人。另外，比利时还派出一个装甲旅共170名官兵参加欧洲军团。

近年来，为打击国际恐怖主义，比利时还向阿富汗派出了两百多人的军队，向伊拉克政府军提供军事教官，并于2015年派出6架战机参加多国部队打击"伊斯兰国"（ISIS）的行动。

外国在比利时也有驻军。北大西洋公约组织总部设在布鲁塞尔；北约组织欧洲盟军最高司令部驻在比利时的蒙斯市；西欧联盟军事计划小组也设在比利时。在比利时有美国驻军790人，其中陆军170人，海军100人，空军520人。

轻型旅：中立国守护者

高级参谋课程的一大优势就是内容范围广，学员有更多的机会学习和参观不同军兵种的作战训练。对比利时轻型旅的参观访问使我有机会全面了解该部队情况。

轻型旅是比利时陆军中的主要战斗部队，总部基地位于马尔什昂法梅内（Mars Onfamei），于2011年1月组建成功。虽然最新一次组建时间并不长，但是从历史上追溯，该旅的前身最早命名为第7步兵旅，成立于

1948 年 12 月，成立当时是抽调第 7 混合旅的成员建成。成立之后，第 7 步兵旅历经多次更名，最初是在 1957 年更名为第 7 步兵集团，又在 1961 年再次更名为第 7 步兵旅，1969 年更名为第 7 装甲步兵旅，1994 年更名为第 7 机械化旅，2011 年正式重组并更名为轻型旅。

目前，轻型旅下辖部队包括 1 个指挥部（第 4 指挥营），1 个轻型步兵营（第 12—13 轻型步兵营）、2 个伞降突击营（第 2 突击营、第 3 伞降营）、1 个特种部队集团和 2 个训练中心（伞降训练中心、突击队员训练中心）。其中，第 2 突击营和第 3 伞降营同属于伞降突击营，是轻型旅中的快速反应部队。

1. 第 4 指挥营

第 4 指挥营成立于 1959 年，当时比利时非洲殖民地刚果爆发独立战争，比利时陆军派遣第 2 突击营到刚果作战，但很快发现第 2 突击营人员和装备远不足以应对当时的战斗，于是在当年 10 月从第 2 突击营中抽调指挥官，并仓促招募一部分经过训练的士兵，在比属刚果创建第 4 突击营。第 4 突击营建立之后立即开展训练，但直到 1960 年 4 月才具有战斗水平，并将总部基地从刚果迁移到卢旺达–乌隆迪地区，主要任务由战斗转为维和，行动区域不限于卢旺达–乌隆迪，可以机动到附近的刚果执行任务。之后随着卢旺达和乌隆迪的分别独立，第 4 突击营于 1962 年 10 月被解散。

20 世纪 70 年代早期，第 4 突击营被重建，由于其成员包括来自早前从属于其他伞降突击部队的预备役士兵，因此该旅的名称被变更为第 4（预备役）突击营，但是在成立数年后，于 1979 年被解散。轻型旅成立后，第 4 突击营被再次重建，并更名为第 4 指挥营。

2. 第 12-13 轻型步兵营

第 12-13 轻型步兵营现有人数 633 人，全称为第 12 "利奥波德王子"

轻型步兵营–第 13 轻型步兵营，由第 12 "利奥波德王子" 轻型步兵营和第 13 轻型步兵营合并组建而成。第 12 "利奥波德王子" 轻型步兵营是比利时现役步兵营中最古老的单位之一，成立于 1831 年 3 月，成立之初命名为第 12 轻型步兵营，1984 年才被冠以 "利奥波德王子" 的名称。第 13 轻型步兵营组建于 1874 年，成立之后参与多次行动，于 1947 年被解散。由于反坦克行动的需求，该营又于 1976 年被重建，作为反坦克营执行任务。1993 年，第 12 "利奥波德王子" 轻型步兵营与第 13 轻型步兵营合并，组建成了现在的第 12–13 轻型步兵营，并在轻型旅成立后，划归轻型旅旗下。

3. 伞降突击营

伞降突击营是轻型旅的核心战斗力量之一，属于特种行动部队，执行空中轻型步兵任务，可参与直接行动、空中突击行动和两栖作战行动等。目前轻型旅下辖第 2 突击营和第 3 伞降营两个伞降突击营。

第 2 突击营。第 2 突击营队员头戴绿色贝雷帽，该营的前身是 "二战" 时在英国特种部队中服役的 10 个联合突击队中由比利时士兵所组成的第 4 联合突击队。第 4 联合突击队成立后曾在北非、意大利和北欧等多个战场作战，特别是在 1944 年登陆荷兰瓦尔赫伦岛战役中声名大振。第 4 联合突击队队员经验丰富、战斗技巧高超、

比利时特种部队

知识面广，队员全部精通法语、荷兰语和英语 3 种语言。该联合突击队在"二战"结束返回比利时后被重建并命名为突击队团，1955 年被再次重组并命名为第 2 突击营。刚果独立战争时期被派往刚果执行任务，后又在 1994 年 3 月被派遣到卢旺达执行联合国任务。

第 3 伞降营。该营前身是创立于 1950 年的比利时联合国指挥部队。该部队是一个志愿军团。朝鲜战争爆发后，美国把控的联合国要求比利时进行军事干预，但比利时政府认为派遣大量人员和装备到朝鲜半岛需要花费高昂的费用并造成后勤困难，因此决定在比利时武装部队中挑选出一支精英部队，交由美国把控的联合国部队指挥。但是由于比利时的中立国政策，其宪法规定在比利时国土未遭受外来袭击时禁止派遣任何士兵，除非是志愿部队到海外执行战斗任务，因此比利时不能派遣正规部队，只能组成一支来自卢森堡的志愿队伍，命名为比利时联合国指挥部队，派遣到朝鲜战场。

为了表明该部队是非正规部队，队员全部佩戴棕色贝雷帽，并设计了全新的帽徽，以区别于比利时正规现役部队。该部队自 1951 年起在朝鲜战场上执行任务，直到 1955 年共派遣 3 000 名队员，1955 年被解散并重组，重组后命名为第 3 伞降突击营。该营在 1959 年再一次被重组，命名为第 3 伞降营。曾参与多次行动，包括刚果战斗、索马里维和及救援物资发放行动、黎巴嫩行动、阿富汗战争等。

4. 特种部队集团

特种部队集团是轻型旅中的核心战斗力量，其成员通常是来自比利时陆军中的伞降突击部队中选拔出的精英士兵，必须具有至少 4 年伞降突击队员履历之后，才能加入特种部队集团。特种部队集团可执行直接行动、非传统战斗、特种侦察、人质营救、人员医疗救护等任务。

特种部队集团的前身可追溯到"二战"时期，由比利时士兵组成的英国特别空勤团第 5 中队。1942 年 1 月，第一批比利时伞降队员在英国接受训练并在训练完成后，在英国军队内组建成了比利时独立伞降连。之后，比利时独立伞降连划归特别空勤团，成为其中的第 5 中队。特别空勤团第 5 中队自成立后在"二战"中非常活跃，参与多次突击战斗行动，并且后来也逐渐开始执行反情报行动。

特别空勤团第 5 中队返回比利时后历经多次重组。1955 年其被重组为特种侦察部队，隶属比利时第 1 军团。1961 年，该部队再次进行重组，并在其基础上建立第 1 连特种侦察小队。该侦察小队与比利时第 1 军团合作，除下辖侦察队员外，还下辖一个伞降突击分遣队。第 1 连特种侦察小队中共划分为 16 个小组，每个小组 4 名队员，除此之外还有多名支援人员，总人数 120 人，基地最初位于魏登（Weiden），后来先后迁移到奥伊斯基兴（Oiskirchen）、司匹赤（Spitz）等地。1994 年，第 1 连特种侦察小队被解散，同年，在该侦察小队的基础上重组为远距离侦察巡逻分遣队。

该分遣队自成立后划归伞降突击旅旗下，基地位于黑维勒（Heville），成立几年后于 2000 年被解散。2000 年 4 月，在远距离侦察巡逻分遣队的基础上进行重组，建立了现在的特种部队集团。该集团最初隶属第 3 伞降团。第 3 伞降团于 2003 年 2 月被解散，特种部队集团被改编为一个独立单位，于 2012 年划归轻型旅旗下。

与中国人民志愿军的较量

刚到学院不久，比利时同学让 - 马克（Jean-Marc）老是与我谈起朝鲜战争。从他的眼神中，可以看出他对中国人民志愿军内心由衷地尊重。当时百思不得其解，后来我才了解到，原来当年在朝鲜战场，中国人民志愿军与比利时军队还有过一次不打不相识的真正较量呢！

1951 年 1 月 31 日，比利时派一个步兵营入朝，隶属美军第一军团指挥。比利时兵虽不多，但却总想在一线建树奇功。其间比利时营与志愿军多次交锋，都以失败告终。要不是不断补充新兵，比利时营几乎不存在了。兵败临津江，就是比利时营多次死里逃生中的一次。

朝鲜战争中的比利时军人

抗美援朝第五次战役，志愿军第 63 军奉命突破朝鲜临津江防线，江北金窟山有敌比利时营防守，江中布有铁丝网、铁蒺藜等障碍物，其炮兵火力可控制江面和南北岸诸要点及通路。志愿军第 63 军 188 师决定以第 562 团和 564 团为一梯队，各以第 3 营围攻江北金窟山比利时营。战斗打响后，志愿军 188 师左翼 562 团 1 营，首先以隐蔽突然的动作歼灭了北岸警戒阵地比军的 30 余人，随后以第 2 连夺取敌坦克浮桥并与涉水渡江的第 1 连协同，一举夺占了敌南岸主阵地 257 高地，而后又以第 3 连攻占了 167.8 高地，对比利时营形成合围。

美军指挥部发觉比利时营被围后大惊失色，一旦比利时营被全歼，侵朝 16 国部队组成的"联合国军"将变成 15 国部队。于是，美军一面以纵深炮火封锁江面和交通要道，阻止 188 师后续部队过江，一面以美 3 师和英军 29 旅向志愿军第 63 军渡江部队反冲击。美军出动歼击轰炸机对 257 高地和浮桥进行多批次轮番轰炸、扫射，其地面部队在纵深炮火的支援下，向刚刚占领江南各阵地的志愿军展开反扑。

朝鲜战争中的比利时军人

与此同时，江北的比利时营一部在 13 辆坦克的引导下向浮桥方向突击，企图夺路南逃。志愿军 188 师渡江部队依托改造过的敌军工事与敌激战，打退了敌人一次又一次的进攻，守住了阵地。扼守桥头阵地和 257 高地的 562 团 2 连，连续打退了敌一个连的轮番进攻，巩固了突破口，保住了渡江通路。

志愿军 188 师 562 团 3 营和 564 团 3 营在师长张英辉的指挥下，对江北金窟山的比利时营发起攻击。比利时营依托有利地形和 30 余辆坦克的掩护拼命抵抗。188 师采取小群多路，四面包围的战术，不断地发起进攻，激战至 1 小时，将敌大部歼灭。残敌 200 余人，在 12 架飞机和 40 余辆坦克掩护下，向东面人民军作战区逃窜。

至此，188 师突破了临津江岸防御，夺取了江南一线阵地，并抗击了美、英军的增援，重创了比利时营。临津江之战后，美军再也不敢将比利时营部署在一线。同年 8 月，伤亡惨重的比利时军团第 1 营的作战任务被新抵达的第 2 营取代，第 2 营于 10 月脱离美军第 3 师指挥，改为归属美军骑 1 师，一个月后又回归第 3 师，直到 1955 年 6 月回国。其间比利时先后投入 3 500 多人，共 106 人阵亡，350 人受伤。

朝鲜战争后，比利时不再与中国人民为敌。它对中国人民第一次表示友好是在 1954 年 4 月 26 日召开的日内瓦会议上，这是一场没有硝烟的"朝鲜战争"。日内瓦会议是一次大型国际会议，参加会议的有中国、苏联、朝鲜等国家和参加"联合国军"的美国、英国、法国、比利时、澳大利亚、加拿大、希腊等 16 国的代表。会议拟定的日程是首先讨论朝鲜问题。

朝鲜民主主义人民共和国外相南日提出一条解决朝鲜问题的全面建议，包括三项内容：6 个月内撤出外国军队；全国举行自由选举；恢复朝鲜的和平统一。

中国、苏联坚决支持朝鲜的建议，但美国代表团团长、国务卿杜勒斯拼命反对，拒绝从朝鲜撤出美军，想无期限地占领南朝鲜，使会议无法达成任何协议。会议的最后两天，由于比利时赞同周恩来的提议，情况出现了戏剧性的变化。

比利时外长顶着美国的压力，对中国的友好态度也得到了中国总理的赞扬。日内瓦会议后，比利时与中国建立了友好关系。几十年后，中比两军也进行了友好往来。2000 年 5 月 6 日，比利时海军"万德拉尔"号导弹护卫舰在舰长斯鲁特·曼斯（Slot Mans）中校的率领下，对中国上海进行了为期 6 天的友好访问，中国人民解放军海军盛情款待了比利时海军。"万德拉尔"号导弹护卫舰的来访，使两军放弃了历史恩怨，开始握手言和。

比利时勋章

此外，还有一件事值得提一下，比利时志愿兵团里面有一支特殊的分队，那就是同时出兵的欧洲小国卢森堡的军队。朝鲜战争中，若按照伤亡比例，那么伤亡最惨重的并非朝鲜、韩国、土耳其，而是袖珍小国卢森堡。1951年卢森堡派遣一个步兵排44人，参加"联合国军"，与比利时共同组成联合兵团。别看出兵最少，但出兵比重最大，因为卢森堡全军仅不到一个营；虽然作战伤亡仅有15人，但伤亡比例最大，超过三分之一。

六

FN 枪族传奇

在到比利时之前，我就对比利时皇家军队的武器装备发展极其关注，从不放过有关 FN 枪族的任何消息，但是在留学期间，突然感到获取这些信息非常困难。一直到快要结束之前的两个月，才有机会满足我渴望见到 FN 枪族的愿望。在学院组织的一次外出见学过程中，我们有幸参观了比利时赫尔斯塔尔枪械制作及生产公司（Fabrique Nationale de Herstal，FN）。之后，我一直留意并收集有关 FN 的各种最新信息和枪族情况。

沙场"老将"FN 前世今生

提到比利时，大多数人脑海中会浮现出"巧克力、蕾丝和枪"的形象，这三种物品造就了比利时既浪漫又威武的形象。曾几何时，比利时是世界上最主要的经济体之一，其技术相当发达，制造业庞大，制造出的很多技术先进、质量过硬的产品出口到世界各地。当时比利时生产的科克里尔蒸汽火车

赫尔斯塔尔枪械制作及生产公司图标

头，几乎在全球所有的火车上使用，世界上许多国家的桥梁是使用比利时生产的钢铁建造的。此外比利时生产的纺织品也是一流的，地毯在全世界各大宫殿中作为装饰品使用。

正是在这样经济蓬勃发展的背景下，FN 公司于 1889 年建立了，至今已有百年历史，主要研制及开发各类枪械与子弹，是驰名全球的轻武器厂商之一。公司当年创立的理念就是依托比利时在全世界树立的高品质和先进技术形象，将其生产的枪械产品远销到世界各地，并成为全世界一流的武器制造商。正是在这一理念下，建厂初期就与美国天才枪械设计师约翰·勃朗宁（John Browning，1897 年加入 FN 公司）密切合作，陆续开发出了一系列 FN–勃朗宁武器，诸如久负盛名的 FN M1935 勃朗宁"大威力"手枪，全世界至少 55 个国家的军队或警察先后使用它。到第二次世界大战爆发之前，比利时 FN 公司共生产了 35 000 多把，可见该枪受欢迎的程度。

约翰·勃朗宁出生在美国盐湖城北部的奥格登小镇。他的父亲是一位枪械工程师，受父亲的影响，勃朗宁从少年时代起就对枪产生了浓厚的兴趣。

那时候，他们家刚从外地移民来到奥格登，常常为吃饭问题而犯愁。于是，小勃朗宁一有空闲，就去打些野鸡野兔，让全家人美美地吃上一顿。通过打猎，小勃朗宁对枪越来越熟悉，老勃朗宁发现儿子在这方面很有天分，就把造枪的知识和经验全部传授给他。

14 岁那年，勃朗宁给哥哥马休（Matthew Browning）造了一把相当出色的猎枪，让老勃朗宁大感意外。20 岁那年，勃朗宁又造出了一支枪机起落式单发步枪。造了一辈子枪的父亲见了，发自内心地称赞道："我活了这么大，还从未见过这么好的枪。"

老勃朗宁去世后，勃朗宁和哥哥马休联合创办了勃朗宁兄弟公司，开展枪支的设计和制造。他渐渐地有了名气，温彻斯特连发武器公司（Winchester Repeating Arms Company）的总经理贝尼特找上门来，提出要买他的步枪。从此，勃朗宁就开始和温彻斯特连发公司合作。在这之后长达 19 年的时间里，温彻斯特连发武器公司成长为美国最大的武器制造商之一，而这个公司的武器几乎全都出自勃朗宁之手。

从 1889 年开始，勃朗宁迷上了手枪设计。有一天，勃朗宁忙得头昏脑涨，还是没有打开思路，他索性离开设计室，带着自制的猎枪，会上几个朋友，一起来到奥格登附近的一个沼泽地打野鸭子。勃朗宁是个神枪手，"砰""砰"开了两枪，就有两只野鸭子应声而落。同伴们兴高采烈地去拿"战利品"，勃朗宁却停在原地一动也不动。他的双眼紧紧地盯住了不远处的一片香蕉叶草，它们的叶子倒了。为什么呢？那是被他开枪时从枪口吹出的气体吹倒的。勃朗宁忽然茅塞顿开，惊喜地叫了起来："找到了！找到了！"

原来，他一直在为找不到手枪的自动化能量而发愁，这吹倒香蕉叶草的火药气体不就是现成的能源吗？勃朗宁闯过了这一关，其他困难迎刃而解，很快就把 1873 式杠杆枪机型步枪改成了自动手枪。

1896 年，勃朗宁设计出了一种自由枪机式手枪，比利时赫尔斯塔尔国家兵工厂对这款新枪很感兴趣，就对样枪进行了试验，一连射击了 500 发枪弹，没有发生一起瞎火故障。赫尔斯塔尔国家兵工厂总经理和董事会的其他成员，当即决定购买这支枪的生产权。1899 年，这款手枪问世，被命名为 M1899 式。1900 年，比利时政府决定采用改进后的 M1899 式，配发给比利时军官，并命名为 M1900 式。

1922 年，67 岁高龄的约翰·勃朗宁设计出一种口径为 9 毫米的大威力手枪，这是勃朗宁一生中设计的最后一种手枪，也是他一生中设计得最为满意的手枪。1926 年 11 月 26 日，勃朗宁在比利时监制它的生产时，突发心脏病，死在生产线上，未能看到自己心爱的手枪问世。

勃朗宁生前曾对记者说过这样一段话："我在枪管中洒下的每一滴汗水，都凝聚与孕育着成功与奇迹。"他的这段话包含了他成功的所有秘密。

据公司负责人介绍，FN 开始于比利时列日（Liège）附近的一个小镇赫尔斯塔尔（Herstal）。国家武器制造厂（Fabrique Nationale d'Armes de Guerre）于 1889 年开始制造比利时政府订购的 150 000 支毛瑟步枪。1898 年该公司与著名的武器设计师约翰·勃朗宁开始一个长远的合作关系。FN 曾是比利时重要的机动车辆制造厂，曾于 20 世纪在 Herstal 生产汽车，FN 摩托车的生产持续到 1965 年，卡车的生产到 1970 年。一把编号为 19074 口径 7.65mm×17mm 的 FN 1910 半自动手枪，曾被用来刺杀奥匈帝国皇储费迪南大公夫妇，该事件引发了第一次世界大战。

FN 与美国勃朗宁武器公司也曾联手研发勃朗宁 GP35 High Power 半自动手枪。该公司在美国有分部 FNMI（FNH USA），设在南卡罗来纳州哥伦比亚的 FN 是属于其旗下的军事部门。主要负责开发美国政府合约采购的军、警用武器，包括 M16 突击步枪、M249 轻机枪、M240 通用机枪及 FNP 手枪系列等。

谈到公司发展前景，陪同参观的公司负责人十分骄傲地告诉我们：近年来，FN 有很多独特及前卫的枪械设计，如有 50 发子弹的 FN P90 个人防卫武器、现代化牛犊式结构（Bullpup）的 FN F2000、获多国采用的 FN Minimi/

FN 摩托车

M249 等。特别是新推出一项装备，为枪械安装"黑匣子"，它被命名为 FN 赫尔斯塔尔黑匣子（FN Herstal Black Box）。

据报道，黑匣子可以与 GPS 进行连接，也可以与各种射击武器连接，包括手枪、步枪和冲锋枪。它的主要功能是记录射击武器开枪次数、子弹速度，以及射击出现的卡壳现象等，其内置电源可工作 10 年，可记录 1 000 次射击数据，这

赫尔斯塔尔黑匣子

些数据对以后枪支的维修有帮助。另外，黑匣子还可用于战时。由于每个黑匣子都配有独特识别码，与 GPS 连接后可以获得士兵所在位置并了解其射击情况。

服役时间最长：M1935 勃朗宁"大威力"手枪

FN 勃朗宁"大威力"手枪基于约翰·勃朗宁的设计，但主体工作由勃朗宁的徒弟迪厄多内·塞维（Dieudonne Saive）完成。该枪于 1935 年被比利时军队采用，如今依然没有退役，走过 80 余年，依旧书写着服役历史，成为世界上服役时间最长的军用手枪。

勃朗宁"大威力"手枪的开发源于 20 世纪 20 年代初，法国政府向 FN 公司提出要求，为其军队设计一款新型手枪。FN 公司接到法国政府的要求后，立即设立了专门的项目小组，并责令公司设计师、约翰·勃朗宁的得意门生迪厄多内·塞维成为该项目小组的负责人。塞维在接受法国新式军用手枪的开发项目后，根据法国军方的具体要求，决定以勃朗宁 M1903 手枪为基础，将原本单

M1935 勃朗宁"大威力"手枪

排供弹弹匣的结构改进为双排供弹弹匣。经过几次试验后，塞维完成了一款勃朗宁 M1903 手枪改进型。

这款改进型手枪研制成功后，塞维将其提交给了他的师父勃朗宁，希望勃朗宁能在该改进型的基础上再提出一些改进建议。勃朗宁对这款改进型手枪进行了仔细钻研，并在 1921—1922 年经过多次试验，开发出了两款基于此枪的改造型号。需要说明的是，此后，勃朗宁并未再直接参与到该项目中，勃朗宁于 1926 年溘然长逝，这两款枪也成为一代大师生前设计的最后的手枪。勃朗宁去世后，塞维继续完善该枪。而最终设计成功的手枪之所以被冠以"勃朗宁"的名称，是为了纪念这位天才的武器设计师。

虽然 FN 公司根据法国军方的需求设计出了上述两款改进型手枪，但是法国军方并没有对这两支枪进行测试，而随之又改变了对枪械的设计要求，FN 公司不得不根据新的要求对枪械进行改造。就这样，法国军方的测试一直拖延了好几年都没有开展，并且在这几年中其不断改变设计要求，FN 公司也多次根据新的要求进行相应的更改，使得 FN 公司投入了相当大的精力和人力物力，但却一直没有等到法国军方的测试。就这样一直拖延到 1928 年，FN 公司终于无法再承受高昂的开发成本，认为公司在为法国军方开发新枪这一项目中已经投入太多资源，如果继续这一项目将使公司陷入尴尬的境地，因此决定立即叫停这一项目，而根据此项目最终设计出的一款新型军用手枪，则应立即推向市场，以回收公司在设计该枪过程中投入的大量成本。在推向市场的过程中，FN 公司将该型军用手枪命名为勃朗宁高效率手枪。

勃朗宁高效率手枪的销售并不是很顺利。该枪投入市场后不久，就遭遇了 1929 年世界经济危机。经济危机对各行业经济甚至是军队预算造成了极大的影响，FN 公司为了减少亏损，只能立即停止销售勃朗宁高效率手枪。因此，勃朗宁高效率手枪虽然被推向了市场，但是由于销售时间过短而没有取得太大的经济效益和市场影响。为了扭转这一颓势，FN 公司于 1931 年将勃朗宁高效率手枪提交给比利时军方进行测试，军方对该枪的靶场测试结果表示满意，于是向 FN 公司订购了 1 000 支勃朗宁高效率手枪，以进行进一步的战场测试。

FN 公司在接到比利时军方的订单后立即调整生产线，批量生产勃朗宁高效率手枪。首批共制造了 1 100 支勃朗宁高效率手枪，除了按照合同向比利时军方提供

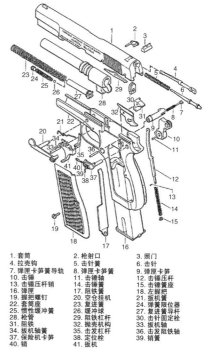

1. 套筒	2. 枪射口	3. 照门
4. 拉壳钩	5. 击针簧	6. 击针
7. 弹匣卡笋簧簧导轨	8. 弹匣卡笋簧	9. 弹匣卡笋
10. 击锤	11. 击锤轴	12. 击锤簧杆
13. 击锤压杆销	14. 击锤簧座	15. 击锤簧座
16. 弹匣	17. 阻铁簧	18. 左握把
19. 握把螺钉	20. 空仓挂机	21. 扳机簧
22. 套筒座	23. 复进簧	24. 弹匣限位器
25. 惯性缓冲簧	26. 缓冲器	27. 复进簧导杆
28. 枪管	29. 阻铁杠杆	30. 击针固定栓
31. 阻铁	32. 抛壳机构	33. 扳机轴
37. 保险机卡笋	35. 击发杠杆	36. 击发阻铁轴
40. 销	38. 定位栓	39. 销簧
	41. 扳机	

勃朗宁手枪零部件

1 000 支之外，剩余的 100 支用于市场推广。FN 公司的计划非常完美，一旦比利时军方宣布对该枪进行战场测试，那么公司就可以广为宣传并推广该枪。

因此，在比利时军方对勃朗宁高效率手枪进行战场测试的同时，该枪也被提交给全世界很多国家的军方进行测试。虽然该枪有其名称，但是很多国家在对该枪进行测试时并没有使用它的名称，而是对该枪随意命名，因此勃朗宁高效率手枪现今仍流传下来很多不同的名称，包括 M1933 高效手枪、M1944 高效手枪等，其命名中的年份是根据每个国家对该枪进行测试的年份而来的。由于名称非常混乱，以至于后世的很多人并不知道该枪起初的名称是勃朗宁高效率手枪，甚至有些收藏者根据该枪采用椭圆形的抛壳窗，而将该枪称为"椭圆形抛壳窗的勃朗宁'大威力'手枪"。

FN 公司为比利时军方提供战场测试用枪时，还提供了多种不同的抵

肩枪托作为选择，最终比利时军方选定了一款采用与卢格 P08 手枪相似的平板木质抵肩枪托作为该枪的标准枪托。FN 公司还为勃朗宁高效率手枪及其配用的木质枪托设计了一款枪套，该枪套分为上下两部分，上方装入勃朗宁高效率手枪，而下方则放置木质枪托。

比利时军方在对勃朗宁高效率手枪进行战场测试之后，向 FN 公司提交了一份订购 10 000 支该枪的订单。FN 公司在接受该订单以后，根据比利时军方的要求，对勃朗宁高效率手枪进行改造，将原本的椭圆形抛壳窗更改为长方形抛壳窗，并着手对该枪进行生产。第一批比利时军方订单的勃朗宁高效率手枪于 1935 年 3 月生产完成。FN 公司为了区别原型勃朗宁高效率手枪与改进后的枪，便将改进后的枪命名为勃朗宁"大威力"手枪（Grande Puissance），因此这种枪也常被称为 G.P. 手枪，或根据比利时军方采用年份而被称为 M1935 手枪。

"大威力"之称从何而来？带着这个疑问，我询问了比利时同学伊万（Ivan），他给出了三个方面的理由：一是它发射 9mm×19mm 巴拉贝鲁姆手枪弹，这在当时的欧洲来说是威力最大的一种手枪弹，其枪口动能达到490 焦耳，在 50 米距离上的落点动能大约为 365 焦耳。如此之大的能量在当时对于杀伤近距离内无防护的有生目标是绰绰有余的；二是该枪容弹量比较大，达到 13 发，这与当时流行的手枪弹匣容弹量为 7—10 发相比，也是高出一大截儿；三是该枪以加大外形尺寸而见长，使人对该枪产生一种粗犷、豪放、敦实、有力之感觉，充分体现了"大威力"之风格。

自第一批勃朗宁"大威力"手枪提交给比利时军方以后，FN 公司每年都根据合同，为比利时军队生产勃朗宁"大威力"手枪，甚至是 1940年 5 月德国入侵比利时之时，FN 公司还在开足马力生产该枪。德国军队入侵后，FN 公司来不及转移已经生产完成的勃朗宁"大威力"手枪就被德军占领，德军在公司的仓库、生产线上缴获了大量的勃朗宁"大威力"手枪。经过 18 天的抵抗挣扎，比利时国王利奥波德三世于 5 月 28 日宣布无条件投降，比利时彻底沦陷，比利时军队被迫解除武装，因此成千上万的勃朗宁"大威力"手枪被缴获并流入德军手中。

比利时武器历来享有高质量的盛名，德国人对比利时武器非常推崇，因此在缴获了大量的勃朗宁"大威力"手枪后，立即将这些枪转而配发给德国军队使用，甚至包括为数不多的操作手枪。德军士兵在此后的几乎每一场战斗中都使用勃朗宁"大威力"手枪，这些枪也曾在战斗中被他国士兵俘获而流传到其他国家的军队中使用，例如现在在美国市场上流传的"二战"前生产的勃朗宁"大威力"手枪，都是美军士兵从德军士兵手中缴获，在战争结束后带回美国的。

FN 公司在被德国人占领期间，被迫为德国军队生产了数量庞大的 FN M1922 手枪和勃朗宁"大威力"手枪。1941 年以后，比利时国内的抵抗行动力量不断加强，很多为德国生产的勃朗宁"大威力"手枪被抵抗组织从 FN 公司中偷运出来。FN 公司对于勃朗宁"大威力"手枪的生产仍在继续，直到 1944 年 8 月，由于材料短缺以及盟军的进攻更加迅猛，德军逐渐无力再控制比利时，只能停止 FN 公司的生产，并最终于 9 月 5 日撤出 FN 公司，不久之后，比利时彻底得到解放。

德军撤离比利时后，FN 公司担心德国人再次反攻比利时，考虑到比利时军队仍然需要武器应战，因而又开始生产勃朗宁"大威力"手枪，意图供应比利时军队和抵抗者组织。但是这批生产的手枪并没有按照计划那样供应比利时军队，而是作为纪念品被售卖给了在战后造访 FN 公司的盟军士兵。

新中国成立之后的比利时各个方面都处于混乱状态，军队装备也没有正常的订购和供应，直到 1945 年末才向 FN 公司订购了一批勃朗宁"大威力"手枪重新武装部队。这批枪的订单十分紧迫，FN 公司没有足够的时间组织生产，只能使用"二战"期间为德军生产的勃朗宁"大威力"手枪的库存部件来进行组装。这些枪取消了缺口式弧形座表尺，改为采用固定式照门，并同时去除了抵肩枪托。为了与战时为德军生产的勃朗宁"大威力"手枪进行区分，这批手枪上有比利时军队的接收标记，并且在生产编号前铭有字母"A"，这个字母是法文 ALLEMAND（德国）的缩写，代表采用的部件是"二战"时期为德国军队生产的，质量并没达到 FN 公司一贯的生产标准。

1946 年以后，比利时军队继续向 FN 公司订购勃朗宁"大威力"手枪，此时 FN 公司已经足够从容来生产新的勃朗宁"大威力"手枪。从 1946 年到 1950 年生产的勃朗宁"大威力"手枪，其套筒上没有雕刻皇冠的图案，并且生产编号的前方刻有"AB"字样，后方刻有"BL"字样，这两组字母都是比利时军队的意思，其中前者为法文 ARMEE BELGE 的缩写，而后者则为荷兰文 BELGISCH LEGER 的缩写。

"二战"之后生产的勃朗宁"大威力"手枪的特征也受到比利时国内政治的影响。在 1946 年到 1950 年，原国王利奥波德三世由于"二战"期间宣布投降被定罪为叛国者而被流放，比利时由查尔斯王子作为摄政者统治。1951 年利奥波德三世被恢复为国王，但是遭到了强烈抗议，仅在位不足一年就被迫退位给他的儿子鲍德温。这一政治事件也反映在 1951 年利奥波德三世在位期间所生产的勃朗宁"大威力"手枪上。该年生产的该枪的套筒上雕刻有特殊风格的利奥波德三世国王王冠，而 1951 年以后生产的勃朗宁"大威力"手枪套筒上则雕刻有特殊风格的鲍德温国王王冠。

勃朗宁"大威力"手枪在比利时军队中的服役时间非常长，很多兵工厂长年对该枪进行改造生产。特别是在 20 世纪 90 年代 FN 公司对该枪的抽壳钩等部件进行改造，设计出勃朗宁"大威力"手枪 MK II 和 MK III 等改进型，之后，很多早前生产的该枪都被返回工厂进行重新改造升级。在这些改造升级的手枪中，有一批是将枪的表面进行了灰色涂装处理。正是由于这个颜色的涂装，很多人误认为该枪是专门为海军使用而生产的。实际上，这种颜色涂装被广泛应用于勃朗宁"大威力"手枪的翻新上，翻新枪配发给包括海军在内的比利时军队使用，甚至还配发到刚果部队。

中国在 1935 年曾向 FN 公司订购过数千支勃朗宁"大威力"手枪，但不久之后欧战爆发，供应渠道被切断。在此情况下，中国政府与加拿大商洽，并于 1944 年与英格利斯公司签订仿制生产该枪的合同，这批枪即是英格利斯手枪。这些枪都是在"二战"期间生产的，因此可靠性不高，后来有些枪返回工厂进行重新改造升级。

中国订购的勃朗宁"大威力"手枪

美国的《枪与弹》杂志在 20 世纪 90 年代初曾经组织了一个名为"20 世纪十佳手枪"的评选活动，最后结果显示勃朗宁 M1935 名列第 5。至今，勃朗宁"大威力"手枪仍与 FN 57N 手枪一起在比利时军队中服役，服役时间已近 90 年，依旧在服役路程上，成为世界上服役时间最长的军用手枪。

手枪新星：FNS-9C

近年，意大利伯荣塔、奥地利格洛克和德国瓦尔特几大公司不断推出新型半自动手枪，比利时 FN 公司也不甘落后，2012 年推出了一款专门针对警用和民用市场的半自动紧凑型手枪 FNS-9C 手枪。

说到 FN 公司的手枪，在 2010 年后，FNX 系列手枪曾经火爆了一把。

FNS-9C 手枪

FN 公司随后在 2012 年推出了 FNS 系列手枪，这款手枪和 FNX 手枪外形上差距不大，都具有 FN 的鲜明外观，最大区别在于，FNX 系列手枪采用击锤回转式击发方式，而 FNS 系列手枪均采用与格洛克手枪类似的击针平移式击发方式。FN 公司之所以推出 FNS 手枪，是想丰富产品，抢占更大的手枪市场份额。

FNS 系列手枪共有两种口径，一种是 9mm 口径，发射 9mm 巴拉贝鲁姆枪弹，命名为 FNS-9 半自动手枪。另一种是 0.40 英寸口径，发射 0.40 英寸 S&W 枪弹，命名为 FNS-40 半自动手枪。

在 2012 年底，FN 公司重新对手枪的表面涂层进行了调整，推出了新型涂层的 FNS 系列手枪。2013 年，FN 公司面向竞赛用枪市场，推出了更长枪管的加长型手枪，将枪管长度从 102mm 加长到 127mm，全枪长也从 184mm 加长到了 210mm。FNS 加长型也分 9mm 口径和 0.40 英寸口径两种不同型号。这种加长型手枪受到了巴尔的摩市警察局的青睐，该警察局采购了一批该手枪。而 FNS-9 标准型手枪被南卡罗来纳州哥伦比亚警察局采用。

FNS-9C 手枪弹匣

之后 FN 公司并没有再推出 FNS 系列的新型号，直到 2015 年，公司推出了一款紧凑型半自动手枪，被命名为 FNS-C 半自动手枪，其中 9mm 口径的型号被命名为 FNS-9C 半自动手枪。

FNS-9C 半自动手枪中的"C"是"Compact"的首字母，表示"紧凑型"。其全枪长 170mm，枪管长 91mm，空枪质量 0.63 kg。这个尺寸比袖珍型手枪要大，但比全尺寸的标准型要小。该枪特别适合便衣警员或者探员使用，也可当作警员的备用手枪。

FNS-9C 手枪的套筒是标准的 FN 类型，套筒前方和后方均设有斜线性防滑纹。前方套筒左侧防滑纹下方刻有"9mm"和"FNS-9C"字样，右侧相同位置刻有"FNH USA Fredericksburg VA"，中文意为美国弗吉尼亚州弗雷德里克斯堡，也就是 FNH 美国分公司的地址。抽壳钩下方的套筒处刻有"MADE IN USA"，表示美国制造。

套筒由不锈钢打造而成，除了全黑的套筒，FN 公司也提供银色套筒的型号。准星和照门通过燕尾槽固定，可以更换式样。准星和照门上都设有氚光点管，方便光线昏暗时使用。套筒内部的枪管和复进簧导杆由不锈钢制造，复进簧导杆采用前粗后细的结构，并且采用不同大小的双复进簧设计。

FNS-9C 半自动手枪拥有很好的人机工效，在套筒座两侧均有空仓挂机解脱杆和弹匣卡笋，方便左右手操作。套筒座采用聚合物制造，套筒座前下方设有导轨，这样的配置使这支紧凑型手枪变得十分完善。后方的扳机护圈是全尺寸设计，射手戴着手套也可以顺利扣动扳机。扳机护圈前方设有防滑纹。扳机为纯双动式，但扳机力并不是非常大，从24.5N 到 34N 可调。该枪设有防跌落保险。FNS-9C 半自动手枪没有手动保险，但 FN 公司也可以根据客户需求定制带有手动保险的版本。作为一款紧凑型手枪，握把相对较短，所以标准配备的 12 发弹匣带有一个弹匣底座，这样就延长了握把长度，方便射手握持。而握把后方的握把后垫也是可以更换的，这样可以适应不同大小的手掌。握把四面设有不同种类的防滑纹，并且握把左右两侧带有 FN 公司的商标。FN 公司还提供有一款容弹量 17 发的弹匣，使这款手枪拥有与全尺寸手枪一样的容弹量，并且这款弹匣上带有一个加长的弹匣底座，使手枪握把加长到全尺寸手枪握把的长度。

手枪测试的距离并不需要太远，所以测试时射手距离标靶为 25 英尺（7.6 米）。射手采用的是全被甲 9mm 巴拉贝鲁姆枪弹，连续射 4 发，枪弹的散布圆直径为 70mm。70mm 和一个普通手机的宽度差不多，并且有 2 发打出了一个"大眼"，即 2 发弹弹孔交合。由此可见，这款 FNS-9C 半自动手枪精度是很好的。

FN 公司推出 FNS-9C 半自动手枪，试图凭借新枪与市场上其他新款半自动手枪一拼高下。凭借着 FN 公司的名声和高品质，FNS-9C 半自动手枪的销路应当不成问题。该手枪售价为 599 美元，价格属中档，在价格上也具有一定的优势。

使用最广泛：FN FAL 轻型自动步枪

FAL（法文：Fusil Automatique Légère）是由比利时 Fabrique Nationale 设计的 7.62mm×51mm 口径自动步枪，它相对应的英文名称是 Light Automatic Rifle，意为"轻型自动步枪"。FAL 是世界上著名步枪之一，曾是大量国家的制式装备。FN FAL 步枪可能是历史上使用最广泛的步枪，被 90 多个国家采用。

FAL 源于第二次世界大战结束后英国新的步枪研制计划。最初，FAL 全自动原型枪的设计是使用德国 StG44 突击步枪的 7.92mm×33mm 中间型威力枪弹，根据英国的需求改成 7mm 口径（7mm×43mm）枪弹。时逢北约为简化后勤供应进行弹药通用化选型，由于美国坚持不改变步枪口径和减小威力的立场，并施加影响坚持推行大威力的 7.62mm×51mm T65枪弹，1953 年北约选择 T65 枪弹作为标准步枪弹。FAL 最终确定使用7.62mm×51mm NATO 标准步枪弹。使用 T65 枪弹的 FAL 被命名为 T48，参加了美国军方的新步枪选型试验，后来美军选择了斯普林菲尔德兵工厂的 T44（定型命名为 M14），T48 落选。

1953 年 FAL 自动步枪开始投入生产。通常，其口径 7.62mm，全枪长1 090mm，重 4.5 千克，弹匣容弹量 20 发，战斗射速 700 发 / 分，有效射程 600m。世界各国生产的 FAL 又有不同，大致上可划分为两大类，一类是公制式，另一类是英制式。英制式 FAL 主要是装备英联邦国家。1955年，英国、加拿大和澳大利亚的军工部门开始制定 FAL 步枪标准化，要求所有的部件都可以互换，部件的尺寸和公差都以英寸为量度单位。而其他北约国家都只采用公制式 FAL，部件的尺寸标注都采用公制单位。英制式 FAL 上的大多数部件都不能与公制式 FAL 互换。

FN 公司直到 20 世纪 80 年代仍在生产 FAL。FAL 自动步枪成为装备国家广泛的军用步枪之一。包括特许生产与仿制的 FAL，世界上先后有90 多个国家和地区，包括英国、加拿大、澳大利亚等英联邦国家，以及比

名字：FN FAL 自动步枪　　国籍：比利时　　　　设计者：迪厄多内·塞维　　制造厂商：赫尔斯塔尔兵工厂（FN）
生产日期：1954 年　　　　口径：7.62mm　　　　重量：4.3kg　　　　　容弹量：20/30/50 发
有效射程：600m　　　　　最远射程：1 200m

FAL 轻型自动步枪

利时、德国、奥地利、以色列、印度、墨西哥、巴西、阿根廷、南非等国的军队都装备了 FAL 系列自动步枪。FAL 具体产量无法准确统计，估计达到 400 万支。但随着小口径步枪的兴起，20 世纪 80 年代持续到 90 年代，许多国家装备的 FAL 都被小口径步枪替换。此外，在 20 世纪六七十年代，FAL 自动步枪是西方雇佣兵爱用的武器之一，因此被美国的雇佣兵杂志誉为"20 世纪最伟大的雇佣兵武器之一"。

FAL 采用活塞短行程导气系统，其结构类似于美国的勃朗宁自动步枪。活塞筒的前端置于导气箍内，和气体调节器相连接。气体调节器通过改变排出气量的多少来控制作用于活塞头上气体能量，射手根据不同气候环境或枪的污染状况来调整合适的气量，也可关闭导气孔以便发射枪榴弹。当枪弹击发，弹头通过导气孔时，部分火药气体进入活塞筒中，推活塞向后并带动工作部件（机框和枪机）完成后座和抛壳动作，多余的气体则由排气孔泄出。当活塞的后座能量消失后，被压缩活塞簧就驱使活塞独自回到前方位置。

闭锁机构为偏移式枪机，机框位于枪机上方。机框内有开、闭锁斜面，在自动循环过程中与枪机上对应的开、闭锁斜面相互作用，使枪机后端上抬或下落，完成开、闭锁。机框上的斜肩与枪机上斜肩衔合，机框带动枪机一起后坐，通过铰链结合于机框后端连杆压缩枪托中的复进簧。机框开始后坐时，便解除对不到位保险阻铁的压力。保险阻铁在其弹簧作用下，前端稍向上抬，尾端则与向后旋转的击锤轴相摩擦。复进簧伸张，又通过连杆推机框复进。枪机上的斜面与机框上的斜面贴合，机框带动枪机向前。

机匣前端和枪管相连接，上方装有可折叠的提把，下方为弹匣插座和弹匣卡笋，弹匣卡笋的后面是发射机座和机匣的连接销轴。闭锁镶块、抛壳挺及空仓挂机机构均置于机匣内。发射机座位于机匣后下方、弹匣座后面，下面有扳机护圈和握把。发射机座内装有机匣卡笋、扳机、击发阻铁、击锤和不到位保险阻铁。FAL 的扳机机构设计得很好，既简单又容易操作，很灵敏。扳机和击发阻铁共用一个轴，半自动或全自动模式时都共用一个阻铁。

枪管配有长形消焰器，也兼作枪榴弹发射器。不同国家采用不同设计的消焰器，前护木的设计也不尽相同，有木制也有塑料或金属制。轻机枪型配有独特的消焰/制退器，从而抑制全自动射击时的后坐力。固定枪托型上的复进簧收容在枪托内，而折叠枪托型的复进簧则固定在机匣中，因此折叠枪托型的机框、机匣盖和复进簧都稍有不同。瞄准具通常是带护翼的准星和可调整的觇孔式照门，但不同枪型的射程标定不一样。大多数的FAL 配有刺刀凸笋。

FAL 除了由比利时 FN 生产外，亦合法授权给多个国家生产，包括英国、南非、巴西、澳大利亚、加拿大、以色列、奥地利及阿根廷，墨西哥采用 FN 及自行生产的部件组合而成。FAL 也出口至多个国家，如委内瑞拉等。

特战新利器：MK20 狙击步枪

放眼西方军界，使用 FN 枪械的部队比比皆是，就连一向挑剔的美国陆军联合特战司令部（SOCOM），也为执行海外秘密任务的特战部队选定FN 生产的 SCAR MK17 步枪。据英国《战斗与生存》杂志报道，SOCOM原本选定美制 MK11 作为特战部队的制式半自动狙击步枪，但该枪在中东战场上的实战表现不佳，于是 SOCOM 把脑筋动到颇受好评的 7.62mm 版SCAR MK17 步枪头上，想让它顶替 MK11 的位置。比利时人反应非常快，立刻就在SCAR MK17原枪基础上实施改装和测试，迅速推出了MK20狙击步枪，并于2011年进入美国特战部队序列，目前已投入到中东、非洲和拉美的秘密战行动中。

早在中东实战中，美国特种兵就意识到SCAR MK17步枪射击精度高的优点，纷纷为其装上高倍率光学瞄准镜，变成中距离的精确射击步枪，有了这样好的口碑，FN以SCAR MK17为蓝本发展出新一代MK20半自动狙击步枪，无疑是非常合适的选择，不仅省时省力，还便于后勤保障。

从美军的作战经验来看，传统单发手动狙击步枪虽然打击精度不错，但在瞬息万变的城镇巷战或反恐作战中，士兵要应付突然出现的多个目标，而"打一发，拉一下枪栓"的手动狙击步枪着实赶不上趟。许多美国兵干脆给自己的枪上安装了瞄准镜，尽管比不上专业狙击步枪，但在战斗中比专业狙击手来得灵活，他们不用像专业狙击手那样事先经漫长而烦琐的隐蔽再伺机出击，而是闻令而动，实现"狙杀快速规模化"。也正是这种"步兵狙击化"发展潮流，使得军队对精度逊于手动狙击步枪、但火力更有保证的半自动狙击步枪产生强烈需求。

按照FN的正规称呼，MK20应叫作"狙击手支援步枪"（SSR），主要提供给两人狙击小组的观察员（兼副射手）或是步兵班神枪手使用，专门对付中近距离上的敏感性目标。MK20狙击步枪长1067mm，枪管长

MK20狙击步枪

508mm，空枪重 5.04 kg，口径为 7.62mm，使用 7.62mm×51mm NATO 标准步枪弹，枪管内膛膛线采用冷锻法加工制成，内膛还经过镀铬工艺处理，枪口配有可快速拆卸消焰器。该枪有效射程达 1 000 米，供弹方式为 10 发或 20 发弹匣供弹。

目前，美国陆军联合特战司令部和海军特战司令部都为所属部队配发了 MK20 系列狙击步枪，其中一些部队出于战术机动的考虑，还把 MK20 狙击步枪的固定托换成折叠式，方便在城镇和其他封闭空间内使用。除了美军特战部队，立陶宛陆军特战部队也在 2014 年向比利时采购数量不详的折叠枪托版 MK20 狙击步枪。据俄罗斯《射击军》杂志透露，乌克兰东部顿巴斯民兵曾在战场上缴获了 MK20 狙击步枪，疑似为立陶宛提供给乌克兰政府军的装备。

从某种意义上说，MK20 狙击步枪是针对美国 MK11 半自动狙击步枪的缺陷而研发的。由美国特战军械公司开发的 MK11 狙击步枪继承了 M16 突击步枪的气吹式导气枪机运作结构，具有不错的射击稳定性，但射手们抱怨在连续射击后前护木温度上升过快，连带影响瞄准视野，这主要是因为 MK11 狙击步枪的气体缸管会把弹药击发后产生的高温气体直接导进机匣，因此只要射手连续射击一段时间之后，气体缸管的温度就会迅速升高，为了散热，该枪在前护木开了许多散热孔，结果就是散热产生的热对流在瞄准镜前方形成袖珍版的"海市蜃楼"，影响射手通过瞄准镜观察情况。对于 300 米以内的狙击战斗，这种影响还不算大，但距离一远，就算是一丝空气扰动都会影响射手的瞄准视线，因此许多讲究射击精度的老牌枪手索性在枪管上外挂黑色吸热布条，目的就是避免因枪管散热产生的热对流，影响射手瞄准。

相比之下，MK20 狙击步枪因为沿用 SCAR MK17 步枪的短行程活塞传动系统，因此在射击时温度快速上升导致影响瞄准视线的问题较小。但是为了避免类似问题发生，MK20狙击步枪的前护木经过重新设计，取消原来在SCAR MK17步枪护木上方的散热孔设计，取而代之的是加长型前护木在枪管与气体缸结合处的大型开口，让活塞系统和枪管的热量统一在前方释放。由于散热口很大，因此残余气体和枪管的热气都能在第一时间通过对流迅速散热，避免因散热孔过小导致局部对流集中效应。MK20狙击步枪采用加长型护木的另一个考虑就是保护枪管，避免枪管在剧烈战术运动中受到外力冲击，特别是MK20狙击步枪采用浮动枪管设计（即枪管只与节套连接，与护木无接触点，此举利于提高精度），若是枪管受到剧烈撞击或因战术运动而移位的话，虽然理论上不会影响正常射击，但对射击精度会产生灾难性影响。

加长型前护木还有一个优点，那就是一体化战术导轨长度大幅延长。由于MK20保持直线型枪身设计，因此机匣上方的战术导轨长度比起标准版SCAR MK17步枪增加一倍，让射手在加装夜视镜、光电器材时不必想尽办法"塞位置、找空间"。而且前护木和机匣采用整体设计，因此前护木下方的战术导轨长度大幅增长，从弹匣口前方延伸到前护木末段。前护木下方的战术导轨延长的优点，是射手可以轻松地同时装上快拆式前握把和折叠式双脚架，让射手在使用MK20步枪时能够在抵肩射击和持枪战术

MK20狙击步枪

运动模式之间快速切换，对于经常面对不同状况的特战狙击手来说，这项设计的优越性不言而喻。

虽然 SCAR MK17 步枪的枪托设计在同类产品中已算是非常人性化了，但对中远程精确射击来说，其贴腮射击的稳定度仍显不足，特别是别扭的贴腮护垫和偏短的枪托最让狙击手诟病。有鉴于此，MK20 狙击步枪的枪托底板和贴腮垫全部改为可调设计，其中贴腮垫的位置比起 SCAR MK17 步枪向后收缩了 1.5 厘米，形状也从弧形改为直线设计，如此一来，射手就可以完全按照自己最熟悉的射击姿势来调整枪托长度和贴腮垫高度，增加据枪稳定度。枪托下方装有综合式战术导轨，让射手在长时间卧射时能根据需要拆装伸缩式双脚架，降低射手长时间定点据枪的肌肉疲劳感。为了兼顾强度与减轻重量，FN 在 MK20 狙击步枪的枪托上还采用骨架式设计，让枪托更为轻巧。

MK20 狙击步枪的扳机组和握把也经过重新设计。扳机组内部零件经过手工精调和打磨，除了让射手在扣扳机时的感觉更为顺滑，避免因为急扣扳机影响射击姿势和瞄准基线，还能减少扳机延迟时间。一般而言，竞赛用枪的定制型扳机组能把击发延迟时间降到 0.2 秒以内，但这种扳机太过精密，不适于野战操作，一般军用步枪的扳机延迟时间基于零件强度、射击距离等多种因素考虑控制在 1 秒左右，MK20 狙击步枪的扳机虽然不到竞赛用枪级别，但和其他军用狙击步枪相比仍属中上水平，将扳机延迟时间降到 0.5 秒左右，让射手在维持瞄准基线的状况下顺利击发。为了让射手在扣扳机时稳定握持枪械，MK20 狙击步枪的握把从 SCAR MK17 步枪的直线型手枪握把换成更贴合掌形的设计，握把前方有三个凹槽，无论习惯左手射击还是右手射击的射手都能稳定抓握。

由于前护木延长，MK20 狙击步枪的准星设计从原来的环形折叠式变成快拆设计。与准星配套的照门则沿用SCAR MK17步枪的设计，便于射手在光学瞄准镜受损时进行紧急瞄准。虽然MK20狙击步枪的机匣样式、射击方式和SCAR MK17特战步枪大同小异，但因为修改扳机组设计，取消了全自动射击功能，仅能半自动射击，因此射击选择钮也只有保险和开火两种模式。由于狙击手必须经常卧射，因此MK20狙击步枪引进新式10发装短弹匣，让射手在卧射时不会发生弹匣太长而卡到地面的情况。不过，MK20狙击步枪也能使用标准的20发装弹匣，因此当射手判断有多目标接战需求时，就可以使用20发装标准弹匣。

和专业手动狙击步枪相比，MK20半自动狙击步枪的另一大优势在于重量相对轻巧，空枪重量还不满5千克，就算加上瞄准镜、消音器和10发短弹匣的重量也不到7千克，和美军使用的MK46特战班用机枪差不多。虽然在射击精度表现上不如专业狙击步枪，但它在600米到1 000米内的射击精度已超过所有现役精确射击步枪，堪与素来以精度著称的德国MSG90半自动狙击步枪分庭抗礼。

"比利时响尾蛇"："路易斯"机枪

最早的机枪都很笨重，只能适用于打阵地战和防御作战，很难投入运动战和进攻作战中。为了能让机枪紧随步兵实施行进间火力支援，就需要研制出一种比较轻便的机枪。就在英籍海勒姆·史蒂文斯·马克沁（Hiram Stevens Maxim）于1883年发明出重机枪后不久，丹麦炮兵上尉乌·赫·欧·麦德森（Vilhelm Herman Oluf Madsen）开始动手研制轻机枪。

到18世纪末，麦德森终于制造出了一挺可以使用普通步枪子弹的机枪，定名为"麦德森"轻机枪。它装有两脚架，可以抵肩射击，全重不到10千克。"麦德森"机枪的性能十分可靠，口径和结构多变，可以适应不同用户的要求，很快就成了当时军火市场上的热门货。

1901 年，意大利的吉庇比·佩利诺（Giuseppe Perino）也研制出了一种性能非常出色的轻机枪，意大利当局决定对其严加保密。为了不走漏风声，意大利人竟下令不准生产"佩利诺"机枪，从国外订购大批性能低劣的重机枪装备意大利军队。直到 1916 年，意大利军队在吃到了缺少轻机枪的苦头后，这才匆忙将"佩利诺"机枪投入生产并装备军队。

在 20 世纪初，还出现了一款非常有名的轻机枪，它就是"路易斯"机枪。路易斯（Isaac Newton Lewis）原来是一位美国军官，经常与纽约布法罗自动武器公司打交道。有个叫麦克兰的美国人设计出了一种使用两脚架的机枪，能单人携带，用弹盘供弹，他把这个发明转让给了路易斯。

1911 年，路易斯设计出了一种气冷式机枪。它最显著的特征就是枪管又粗又圆，里面装满了金属薄片，用它来散热，而不是像"马克沁"重机枪那样，需用冷水来散热。路易斯将样枪送到华盛顿，为陆军参谋长伦纳德·伍德（Leonard Wood）做表演，而后又向国防部长和其他高级将领做了演示。然而，军方对"路易斯"机枪的态度很冷淡，路易斯一怒之下，就脱掉了中校军装退伍了，前往欧洲各国展示他的气冷式机枪。

1913 年，路易斯辗转来到了比利时的列日市，世界上赫赫有名的比利时赫尔斯塔尔国家兵工厂就坐落在这里。比利时人认识到了这款机枪的作战效能，就开始批量生产，并用它装备比利时军队。

"路易斯"机枪是为陆军设计的，却在空战中出了名，这也许是路易斯本人始料不及的。1912 年 6 月 7 日，在美国马里兰州科勒吉伯克驻地指挥官昌德勒（Chandler）上尉的帮助下，路易斯将自己设计的机枪搬上了一架莱特 B 型飞机。这架飞机在科勒吉伯克上空对地面上的目标实施连发射击，创造了人类史上首次从飞机上用自动武器进行连发射击的纪录。

1914 年 8 月 22 日，英国斯特兰格（Stranger）与加斯格尔（Gaskell）少尉驾机在 1 500 多米高的空中飞行时，遇到了德国飞机，射手加斯格尔用机枪向敌机开火，但未能命中。返航后，这两名军官在飞行报告中大肆夸赞机枪的作用，但是他们的上司却对此反应冷漠。不久，飞行员威尔逊（Wilson）和拉马利弟（Ramalidi）在法国克斯诺上空用"路易斯"机枪击落了一架德国飞机。从此，英国飞机上才陆续装上了机枪。当时的飞机头部装有高速旋转的螺旋桨，如果向前方射击，子弹无法顺利穿过，因此只好将机枪装在机翼上或者装在飞机尾部，向两侧或后方射击。

自从"路易斯"机枪装到飞机上后，德国飞机就经常遭到它的猛烈射击，犹如遭到响尾蛇的攻击，于是德国人就把"路易斯"机枪叫作"比利时响尾蛇"。

第一次世界大战结束后，部分"路易斯"机枪流入中国。在 1933 年的万源保卫战中，中国工农红军从四川军阀刘湘的部队手里缴获了一些"路易斯"机枪。这些机枪虽然在欧美战场上有些过时了，却帮助中国工农红军创造出了很多战绩。1935 年 11 月，南下的红四方面军 2 万余人在百丈镇大战中，与国民党 20 余万川军之间展开了拉锯战。当时，敌人有 80 多个团，中国工农红军只有 15 个团，兵力相差悬殊。可恨的是，敌人的飞机又来轰炸。一位红军连长操起一挺"路易斯"机枪，对着飞机就是一通扫射。敌机害怕被击中，胡乱地扔下炸弹，就爬高逃开了。这个红军连长名叫孔庆德，新中国成立后首批被授予中将军衔。

冲锋枪第一：维涅龙 M1/M2

"二战"结束后的一段时期里，比利时陆军一直采用盟军装备的轻武器。这样的情况持续一段时间后，20 世纪 50 年代，比利时陆军希望能够装备自己国家设计和生产的轻武器，并召开了国产冲锋枪的选型试验。本次选型试验选定的就是维涅龙 M1 冲锋枪，后来又在此基础上改进设计出了维涅龙 M2 冲锋枪，维涅龙冲锋枪成为比利时第一支国产制式冲锋枪。

当年，比利时陆军宣布开展国产冲锋枪选型试验后，很多武器生产商向选型委员会提交了各自设计的冲锋枪进行参选。但这些参选的冲锋枪大部分是在"二战"时期各种冲锋枪设计的基础上稍加改造而成的，结构上并没有太多创新，因此纷纷在选型试验的第一阶段就遭到淘汰。一直坚持到选型试验结束的仅有 4 支冲锋枪，分别是位于布鲁塞尔的瑞珀斯金属公司（S.A. Repousmental）设计的 RAN 冲锋枪、位于内松沃的因佩里亚公司（Imperia Co.）设计的 M.I.53 冲锋枪、FN 公司设计的一款改造型 M1938 冲锋枪，以及列日精密仪器公司（Precision Liegoise SA.）设计的维涅龙冲锋枪。

这 4 支冲锋枪都具有设计简单、生产成本低的优点，其中，附件最全面的设计当数瑞珀斯金属公司设计的 RAN 冲锋枪。该枪的设计者名为维托尔德·波鲁布斯基（Witold Porebski），他设计了很多配用在该枪上的附件，包括各种膛口制退器、两脚架、折叠式刺刀，甚至还包括一个专门用于该枪的榴弹发射器。FN 公司提交的冲锋枪是以意大利莱塔 M1938A 冲锋枪为基础设计的一款变形产品。因佩里亚公司提交的 M.I.53 冲锋枪则是以英国司登 MK Ⅱ 冲锋枪为基础，将固定式枪托改为伸缩式枪托而成。列日精密仪器公司提交的维涅龙冲锋

维涅龙冲锋枪

枪与上述 3 种冲锋枪相比，虽然结构设计上并没有太多先进之处，但却最终战胜了其他竞争对手，被比利时陆军选定为制式冲锋枪。

维涅龙冲锋枪的设计师名为乔治·维涅龙（Georges Vigneron），该枪的名称正是源自维涅龙本人的姓氏。维涅龙是一名比利时陆军退休军官，维涅龙冲锋枪是他所设计的第一款武器，此前他并没有任何武器设计方面的经验。比利时陆军选型委员会对维涅龙冲锋枪进行了广泛、全面的测试，并对测试结果非常满意，将其命名为维涅龙 M1 冲锋枪，于 1952 年选定为比利时军队的新型制式冲锋枪，大量装备比利时陆军、海军和空军部队使用。

将维涅龙 M1 冲锋枪选定为制式冲锋枪后，其第一批量产产品被指定在该枪的设计厂商列日精密仪器公司进行生产。不久之后，位于日罗库尔的阿森纳公司成为该枪的一个零部件生产商，为列日精密仪器公司提供维涅龙 M1 冲锋枪的零部件。列日精密仪器公司生产维涅龙 M1 冲锋枪一段时间后，为了加大产量，加快军队的装备速度，比利时军队决定为该枪再寻找一家生产商，最终选定了位于布鲁塞尔的电子及金属制造公司。此外，埃斯塔勒制造公司也被授权为该枪生产一些工程塑料制部件，如握把等。

维涅龙 M1 冲锋枪结构极为简单，采用 9mm×19mm 口径，自由枪机式自动方式，开膛待击。配用伸缩式枪托，枪托缩入时全枪长 708mm。全枪看起来极为细长，但这样的细长设计能为射手提供 550mm 长的瞄准基线，可谓有利有弊。其枪管长 305mm，枪管内刻有 6 条右旋膛线，全枪重 3 千克，弹匣容弹量 32 发，射速 620 发 / 分。

维涅龙 M1 冲锋枪在设计时参考了很多国外冲锋枪的成熟设计。该枪采用管状机匣，机匣为金属冲压加工而成。机匣前端右侧设有抛壳窗，平时防尘盖关闭以防止灰尘进入，而在冲锋枪处于待击状态时，该防尘盖被弹开，以进行抛壳。机匣后端带有一个后盖，采用螺纹螺接在机匣上。机匣后盖后端设有一个长方形的枪背带环。弹匣槽位于机匣前端、抛壳窗的下方。弹匣槽顶端、机匣左侧设有一个长方形的枪背带环，与机匣后盖上的枪背带环配合使用可安装枪背带。弹匣槽左侧刻有三行铭文，第一行前端刻有"ABL"字样，代表"比利时陆军 / 比利时王国"的意思，"ABL"字样的后端刻有生产年份的后两位数字，如1952年生产的该枪即刻有"52"字样；第二行为该枪名称的缩写"VIG"字样，其后端为表示型号的"M1"字样；第三行则为一串 6 位数字的生产编号。弹匣槽的右侧刻有一个著名的比利时狮子的图案。

枪机设置在机匣内部、弹匣槽后方。枪机采用一整块金属切削而成，是参考英国斯登冲锋枪的枪机而设计，操作非常简单。拉机柄为中间内凹的圆柱形，位于机匣左侧。拉机柄与枪机采用分体式设计，因此拉机柄在射击过程中不随枪机前后移动。

扳机组件与握把组件连接在一起，位于弹匣槽后方。该枪扳机设计与一般的武器有所不同，其不是采用通常的弯钩形扳机，而是将扳机设计为块状，扣扳机时将扳机块整体向后压即可。扳机护圈外形同样比较独特，其前端为一个三角形的钢板，连接在扳机组件的延长部。握把采用工程塑料材料制作，外形比较短小，握把前端设有手指凹槽，左右两侧护板上刻有细密的格子花纹，这些设计使握把更便于握持。

维涅龙冲锋枪

保险位于扳机与握把之间，其外形呈水滴状，前窄后宽。保险前方刻有"A"字样，代表连发发射，后方刻有"S"字样，代表保险状态，下方则刻有"R"字样，代表单发发射。将保险扳向不同的位置即可在单发、连发和保险状态之间进行转换。此外，该枪握把后方还设有一个握把保险，其既可以锁定枪机，也可以阻挡扳机被扣动，只有握紧握把时，握把保险才会被解除，扳机才能被扣动。

扳机组件 / 握把组件的前端卡在弹匣槽后方，后方通过机匣后盖与机匣固定在一起。扳机组件 / 握把组件后端设有一个极小的凹槽，将机匣后盖旋拧在机匣后端，此凹槽正好卡在机匣后盖内部进行固定。这样的设计虽然简单，但有一个非常大的缺点，就是拧开机匣后盖取出枪机时，扳机组件和握把组件会同时掉落下来。因此比利时陆军在为该枪配发的手册上明确指出，机匣后盖一定要拧紧。但实际上在连发发射时，机匣后盖会变松动，这对射手来说非常危险，因为机匣后盖一旦松动，机匣组件 / 握把组件就会与机匣脱开，但此时该枪仍然保持射击状态而无法停射，直到弹匣内的枪弹全部射空为止。为此，一些士兵在维涅龙 M1 冲锋枪机匣的尾端安装了一个自制的板簧，以防止机匣后盖在射击时意外松动。

维涅龙 M1 冲锋枪采用与美国 M3 冲锋枪相似的钢制双杆状枪托，两根钢杆的尾端向下折弯并连接在一起，形成一个抵肩板。枪托虽然细长，但非常坚固。握把上端后方左右两侧分别设有一段中空的套筒，枪托的两根钢杆即可分别插入该套管中，以固定在枪身上使用。该枪枪托可伸缩，有 3 挡位置可调，枪托处于第一挡位置时全枪长 809mm，枪托处于第二挡位置时全枪长 846mm，枪托处于第三挡位置时全枪长 887mm，但即使枪托处于完全缩入的状态，其仍然露出于枪外 90mm 以上。因此，在狭窄的空间内，如在车辆内使用该枪时，大多数情况下会将枪托取下——这也正是枪托设计的巧妙之处——两根枪托杆顶端采用不同的设计，卸下后可以对枪械进行清洁保养。其左侧枪托杆的顶端带有螺纹，可用于安装通条头刷，而右侧枪托杆的顶端为扁平状，最前方设有一个长方形孔眼，可安装清洁用的棉芯及布条等。

枪管通过一个枪管固定螺母安装在机匣上，这种安装方式与德国MP40 冲锋枪相似。在该枪设计之初，枪管上设有多条凹槽以利于散热，但在后来的量产过程中，为了简化生产而取消了枪管凹槽。枪管前端安装有与美国汤姆逊 M1928 冲锋枪相似的顶端开槽的膛口制退器。膛口制退器顶端上方设有片状准星，可与机匣后端的觇孔式照门配合使用。由于是用固定螺母将枪管安装在机匣上，因此有时过于匆忙，枪管安装时会被错误地向下旋转 180°。这种情况下该枪仍然能正常使用，但准星却朝下了。

维涅龙 M1 冲锋枪采用长条状弹匣供弹，弹匣由钢板冲压加工而成，容弹量 32 发，双排供弹，但为了避免发生卡弹故障，比利时陆军规定士兵仅能向弹匣内装填 28 发枪弹。维涅龙 M1 冲锋枪弹匣的设计几乎与MP40 冲锋枪的弹匣完全相同，只是弹匣顶端稍长。此外，该枪弹匣只经过磷酸盐化处理，而不像 MP40 冲锋枪的弹匣那样经发蓝处理。为了向弹匣内装弹，特别为其配发了一个带有拇指圈的装弹器。

自维涅龙 M1 冲锋枪生产后，到 1954 年，其生产量达到 21 300 支。之后，在该枪的基础上进行了小改进，包括在准星外部设置了一个大型的准星护圈，用"V"形缺口式照门取代了原来的觇孔式照门，并且将连接抛壳窗防尘盖的弹簧簧力加强。改进后的枪被命名为维涅龙 M2 冲锋枪，而已经生产出的维涅龙 M1 冲锋枪大多数被回收改造为维涅龙 M2 冲锋枪，因此现在存留的维涅龙 M1 冲锋枪数量已经非常稀少。在改造过程中，除了上述在结构上的改进外，还对弹匣槽左侧的铭文进行了改变，如第一行铭文中的"ABL"字样大部分被磨平，而第二行中的"M1"字样也被改为"M2"字样。

除比利时本国军队外，葡萄牙警察部队曾购买过一批维涅龙 M1/M2 冲锋枪，被称为葡萄牙维涅龙冲锋枪；"爱尔兰共和军"通过非法手段曾获得过一批维涅龙 M1/M2 冲锋枪。维涅龙 M1/M2 冲锋枪还曾在非洲大陆使用过。20 世纪 50 年代，比利时独裁殖民政策的变本加厉使非洲比属刚果的反抗更加强烈。为了镇压刚果人民的反抗，比利时军队使用了大量维涅龙 M1/M2 冲锋枪。1960 年刚果取得独立，比利时军队撤出刚果，但其使用的维涅龙 M1/M2 冲锋枪中有很大一批被留在了刚果，其中一部分被刚果治安队使用，还有一部分流传到黑市。刚果治安队使用的维涅龙 M1/M2 冲锋枪，在其弹匣槽右侧雕刻的狮子形象的下方加刻了"FP"字样。

维涅龙 M2 冲锋枪于 1962 年底停止生产，据称，总数达 15 万支左右。虽然停产比较早，但该枪一直在比利时军队中服役到 20 世纪 80 年代中期才彻底停止使用。

七

一切为了战争

康德说："人类只有蹚过战争的血路，才可能有朝一日通向和平。"康德逝世百年后，他的预言不幸在他的祖国得到验证，并且比欧洲历史上任何一次战争都血腥。"一战"的爆发，彻底改变了人们对战争残酷程度的认识。蹚过"血路"的世界，找到和平了吗？历史告诉我们：没有！21年后，希特勒与日本天皇再启战端。"二战"在全球波及面更广，伤亡更大。

当我们反思"一战""二战"时，其实是在思考和平。电影《西线无战事》的结尾堪称经典：战壕里一位德军士兵把手伸出掩体，去捉一只蝴蝶，头刚一探出，就被对面的法军狙击手击毙……那只蝴蝶象征什么？是对和平的向往，还是对战争的嘲讽？每个人都有自己的解读。看完影片，我在内心祈祷：人们应该永远生活在蜂飞蝶舞的阳光下，虽然平淡，但越久越好。作为军人，我更明白，和平是祈祷不来的……

最具挑战性的考试

随着语言能力的不断提高，我已经可以跟上课堂的节奏，在小组中的表现也比刚入校时有了很大的改观，从最初的旁观者变成了一个积极的参与者。尽管如此，有一门课还是让我感到力不从心，这就是学会如何与媒体打交道的高级课程。

第二学期的"如何与媒体打交道"课程，主要是培养高级参谋班学员作为联合作战指挥员，学会与新闻媒体打交道的能力和技巧。考试形式是一个记者招待会，内容是应对突发的危机事件。这是一个由真正的记者进行提问的模拟记者招待会，现场的五六个记者都是来自比利时不同媒体的真记者。在正式的考试前进行了一次模拟，所有的程序和要求都与正式考试完全一致，唯一的区别是不打分。在记者招待会开始前的一个小时，每个小组才拿到一份案例，不允许复印；而且案例故意用深红色的纸张印刷，以保证案例的复印件无法阅读，断绝了学生们偷偷复印的念头。每个案例都有20多页，讲述遇到一个突发的紧急事件，如某部队演习的意外事故、执行非战争军事行动等，学习小组的成员则分别扮演部队的各个领导，出席紧急举行的记者招待会，来回答记者们就突发事件提出的各种刁钻问题，所有人无一幸免地都会被提问。

野外教学

很快，正式考试开始了，有摄影师进行全程录像。小组进入招待会现场时，六位来自比利时各家媒体的职业记者早就一字排开，等候多时了。对这些记者来说，最愉快的事莫过于在记者招待会上把那些回答问题的人折腾得狼狈不堪，下不了台。而我们尊敬的教授则在一旁幸灾乐祸，津津有味地观看大家的表演，有时也提出几个问题助纣为虐。

随后，那些等候多时的真

记者开始了提问，记者们充分显示了他们的职业技能，个个伶牙俐齿，提问起来非常尖锐，一旦抓住什么线索就咬住不放一直追问到底，说话的语速比正常语速快多了。我很难跟上记者们的节奏，法语能力的不足又一次暴露无遗，多亏了组里的其他同学奋力抵挡，我才总算蒙混过关了。整个记者招待会持续了40分钟，小组的每个人都长长地舒了一口气。教授和那帮可恶的记者却在一旁哈哈大笑，好像挺得意刚才提的那些问题。在对我们的表现进行点评后，教授对我们说："Messieurs，Bravo（先生们，干得不错）！"

这次时间并不太长的记者招待会，却足以让人体会到：作为部队的一名高级指挥员，与新闻媒体打交道是一件多么不容易的事情，稍有不慎，被记者们抓住把柄，就有可能陷入非常被动的境地，给部队带来负面的影响。提问结束后，教授对整个小组和每个组员的表现进行了点评。教授问我感觉怎样，我说："这样的记者招待会对我来说太有挑战性、太困难了，我发现自己的法语难以应付。"

记者招待会后不久，教授把每个小组的录像剪辑成了一个滑稽小品，并加上文字说明，在课堂上放映给大家看。大家个个笑得东倒西歪，很多人没想到，原来自己在记者招待会的表现是那么引人发笑。现实中，如果有某位部队高级领导，在正式记者招待会上出现同样的问题，第二天他在记者招待会上的照片可能就会登上当地报纸的头版。

这个记者招待会是我在高级参谋课程中经历的最有挑战性的一次考试，如果不是依靠学习小组，我不太可能通过这次考试，这是一次非常特殊且非常难忘的经历，只是毕业至今，我还没有机会经历过真正意义上的记者招待会。

关于中国案例研究

案例研究就是围绕某个问题或事件进行较为深入的专题研究，这是比利时军校中非常流行的一种教学方法。这次"案例研究"的题目是，中国在什么时候和什么情况下会对外使用武力？霍金斯上校事先已将班上学员分成三个小组分别进行研究，然后由三个小组各推荐一名学员在班上代表小组发言。

案例研究的发言开始了。第一位学员的发言主要是结合朝鲜半岛的情况进行案例研究。他打出一个幻灯片，上面——列举了"二战"以来朝鲜半岛局势的变化和中国做出的反应，然后推测说明今后朝鲜半岛局势的可能变化及中国可能使用武力的时机和情况。第二、第三位学员的发言分别结合南沙问题和中国台湾问题，以及中国核战略情况进行分析，在研究方法上与第一位学员类似，都较为详尽地列举了历史上有关争端和冲突发生、

野外教学

146

发展，以及中国决定使用武力的情况，并据此推测出未来中国类似的情况下也可能使用武力。

在学员发言过程中，我针对所讲内容提出了一些问题，并对有关问题重申了我国政府的一贯立场和观点。三位学员的发言全部结束后，我又即席谈了谈我对这次案例研究的看法。我首先谈到，自己很高兴有机会参加这次案例研究，并对三位学员的发言留下了较深的印象。但这些案例研究，试图通过分析历史寻找今后中国在什么情况下会动用武力的答案。我想提请注意的是，这些列举的历史上中国对外使用武力的情况，大都发生在冷战时期，而现在冷战已经过去，中国也早已放弃了冷战思维。在冷战大多数时间里，中美两国都处于相互敌对的状态。因此，完全照搬历史，显然不可能得出正确的答案。

上述意见只是对案例研究方法的看法，并没有回答"中国在什么时候、什么情况下将会使用武力"的问题，而我知道学员们肯定非常希望听到一名中国军官对这一问题的看法。因此，我觉得有必要对这一问题做出正面的回答。于是我简单整理了一下思路，接着谈道："中国是一个爱好和平的国家，中国人民是爱好和平的人民。中华文明历来崇尚'以和邦国''和而不同''以和为贵'。中国《孙子兵法》是一部著名兵书，但其第一句话就讲：'兵者，国之大事，死生之地，存亡之道，不可不察也'，其要义是慎战、不战。几千年来，和平融入了中华民族的血脉中，刻进了中国人民的基因里。

"数百年前，即使中国强盛到国内生产总值占世界30%的时候，也从未对外侵略扩张。1840年鸦片战争后的100多年里，中国频遭侵略和蹂躏之害，饱受战祸和动乱之苦。孔子说，己所不欲，勿施于人。中国人民深信，只有和平安宁才能繁荣发展。

"中国从一个积贫积弱的国家发展成世界第二大经济体，靠的不是对外军事扩张和殖民掠夺，而是由勤劳的人民干出来的。中国人民坚定地维护和平，中国将始终不渝走和平发展道路。无论中国发展到哪一步，中国永不称霸、永不扩张、永不谋求势力范围。正如党和国家领导人强调的，'中国人民从来没有欺负、压迫、奴役过其他国家人民，过去没有，现在没有，将来也不会有'。历史已经并将继续证明这一点。无论是在什么情况下，中国如果对外使用武力，那都将是一种被迫做出的选择。

"在我个人看来，在可预见的未来，在下面三种情况下，中国有可能被迫考虑使用武力：一是中国当前和今后一个时期的最大利益是和平与发展，集中精力进行经济建设，如果发生国家领土、主权受到侵犯等使我国无法进行经济建设，进而危害国家最大利益的情况，中国将不得不奋起反击，保卫国家的领土和主权，保卫经济建设的顺利进行。二是中国致力于

学院学术讲座

以和平方式实现祖国统一，但作为和平解决台湾问题的保证，不承诺放弃使用武力。因此，不管发生何种形式的台湾独立或将台湾从中国分离出去的情况，中国都不会坐视不管。三是中国是联合国安理会常任理事国，一贯致力于维护国际和平与安全，重视并支持联合国在联合国宪章精神指导下，为维护国际和平与安全发挥其应有的作用。中国从 1990 年以来，已应联合国要求多次派出军事观察员等参加维和行动，今后还将组织参加联合国组织的这类维和行动。"

我讲完以后，学员们热烈鼓掌。下午的课也到此结束，当我离开教室时，学员们纷纷上前来与我握手告别。晚上，我们班长吉克（Jick）中校在家中专门给我发来一个电子邮件，其中说道："今天下午你的发言，给同学们留下了深刻的印象！"

坐运输机去上战例课

"战史是最好的教科书。"在皇家高级国防学院，上联合作战指挥专题课程的第二周，学院专门组织我们搭乘比利时空军的运输机，到位于比利时东南部的阿登地区参观"二战"战场。

阿登战役是第二次世界大战期间，纳粹德军在西线阿登地域实施的最大阵地反击战。1944 年秋，盟军已从三面逼近德国本土（其中东线为苏联红军，西线和南线为以英、美为首的盟军），德军形势严峻，为扭转不利战局，希特勒决定集中兵力在西线发动一次使盟军猝不及防的攻势，夺回主动权。希特勒对阿登战役寄予了极大希望："堪称本战区甚至可能是整个战争决定性的转折点。"他甚至认为，"我们从来没有看到过这样的景致"，一名德国奥宁堡部队的士兵后来回忆说。他们以为能够重现 4 年前席卷英、法军队的情景，然而最终结果却是西线盟军踏上了直捣柏

被俘的德军侦察机飞行员

林之路。

1944 年深秋，战争从东、西、南三面向德国本土逼近。一次大规模的战役计划从 1944 年 9 月底开始在德军最高统帅部秘密地策划。这个作战计划被命名为"莱茵河上值更"。主要内容是：集中优势兵力，迅速突破盟军防线，强渡马斯河，夺取盟军的主要补给港口安特卫普，把盟军一分为二，并制造第二个敦刻尔克，然后再转头来对付苏联。

希特勒选择的反攻地点，就是 4 年半前德军突破法军防线的那一个崎岖不平的阿登山区。这个地区是美第 1 集团军（司令员为霍奇斯）和美第 3 集团军（司令员为巴顿）的接合部，北侧由霍奇斯负责，南侧由巴顿负责，两个集团军之间大约 85 英里（1 英里合 1.6093 公里）宽的防区由第 1 集团军所属的第 5、第 8 两个军共 6 个师的兵力防守。希特勒认为该地区是"现有部队肯定能突破的地方……防线单薄，他们也不会料到我们会发起突袭。因此，充分利用敌人毫无防备的因素，在敌机不能起飞的气候下发起突然袭击，我们就有望取得迅速突破"。希特勒决心要"不顾一切地推行这项计划"。

为实施这个计划，德国政府发布了关于建立"人民近卫军"的命令，应征年龄从 16 岁到 60 岁，很快就招募到大批新兵，在经过 6 周至 8 周的短期训练后，调往西线，加入了攻击部队。12 月初，德军共集结了 25 个师，其中有 7 个坦克师。右翼是"党卫军"第 6 集团军（司令是狄特里希

乘坐直升机参加现场教学

上将），辖有第 67 军、"党卫军" 第 1 装甲军、"党卫军" 第 2 装甲军，共有 4 个装甲师、4 个步兵师、1 个伞兵师，大约有 640 辆坦克；中路是坦克第 5 集团军（司令是曼特菲尔上将），辖有第 66 军、第 47 装甲军、第 58 装甲军，辖有 3 个装甲师、4 个步兵师，大约有 320 辆坦克；左翼是第 7 野战集团军（司令是布兰登堡），辖有第 80 军、第 85 军，共辖 3 个步兵师、1 个伞兵师。其任务是负责掩护第 5 装甲军团的侧背，保障中央进攻。进攻集团计有官兵 25 万人，坦克和强击火炮 900 辆，飞机 800 架，火炮和迫击炮 2 617 门。

盟军在西线共有 87 个师，其中 25 个装甲师。然而盟军指挥部认为，阿登地域不适于进行大规模进攻。因此在宽 115 公里的地段上与法西斯德军集团对峙的只有第 12 集团军群（司令官为布雷德利）的美军第 1 集团军所属的 5 个师（83 000 人，242 辆坦克，182 门反坦克自行火炮和 394 门火炮），从而导致战役初期的不利局面。

从战术上看，德军在阿登地区的反攻是其最后一次大规模的成功突破，达成了整个战役行动的突然性。具体的战斗行动中，也收到了一定

美第3集团军驰援巴斯通

效果，比如"特种突击队"的成功使用。但从战略上看，希特勒为实现其狂妄的野心，使用了西线上主要的装甲师和其他机动兵力，受到很大的损耗，极大地破坏了德军在西线进一步抵抗的机会。事实上，德军在阿登地区的反攻是希特勒把"进攻是最好的防御"这一军事信条推向了极端，变成了实际上的"最坏的防御"。电影《巴顿将军》中，巴顿指挥部队在白雪皑皑的山陵起伏的道路上前进，并昼夜与敌在丛林与沼泽地区激战，就是反映这一史实。

德国在阿登地区进攻的失败，意味着希特勒德国领导集团妄想在西欧取得决定性军事胜利的冒险破产。此次作战，德军伤亡10万人，损失坦克和重炮约700辆、飞机1 600架。盟军伤亡8万余人（包括1万人死亡，4.7万人受伤，2.3万人失踪），其中7.7万人是美国军人。德军损失虽与盟军相当，但是盟军能轻易地补充他们的损失，而德军不能，而且德军已投入了他们最后的精锐部队。阿登战役之后，德军在西线再也无力阻挡盟军的进攻了。战役结束后仅4个月，希特勒企图建立的"千年帝国"便烟消云散了，所以阿登战役当之无愧地被后人称为历史的转折。

走进这个战场遗址，首先映入眼帘的便是那些散布在漫山遍野之中的大小不一、各具特色的一座座纪念碑和人物塑像，据说总数多达300多座。这些纪念碑塑像并非统一制作，而是由阵亡将士的家乡或有关协会等民间组织捐资制作。因而，这些纪念碑或塑像不仅有将领的，也有大量普通士兵的。作为战场遗址，除纪念碑和雕像之外，这里的一切都尽可能按原样保存。当年的战线及火炮阵地依然如故，一排排带有包铁轱辘的炮车也都是那个时候的产物；军队驻地及营房门前仍清楚地标示着当年部队的番号；在每个具体的交战地域，包括伏兵的设置、侦察兵发现重要军情的地点、指挥官的位置等，都设有详细的解说牌。参观者在这里既可以从总体上了解这场战争的大致场面，也可详细地了解战争的具体经过。邻国的许多军校常来这里进行现场教学，欧洲的其他军校每年也都要带领学员来这里进行战场考察。另外，每年的夏、秋时节，各地来参观的民众也络绎不绝，其中包括大量有组织而来的大、中学校学生。

后来我在比利时去的地方多了，发现几乎在所有历史留下痕迹的地方，都会有纪念碑、纪念馆或纪念牌。一次我向军事历史评估与研究中心主任保尔（Paul）谈及这些，他说就在他老家附近不远的一个偏僻的丛林之中，"二战"时曾发生过一次排规模的战斗，后人在那里也修建了纪念碑。在这个遗址上，当年战斗中死去的10多名士兵，每人都有一个雕像，同时还立有一个纪念碑记载着这次战斗的详细经过。

参观美军驻德空军基地

对于美军的空军基地，太多的好莱坞影片已经在我的脑海里留下一个典型的主观印象：发动机的轰鸣、频繁起降的战斗机、神色紧张的军人、黑人士兵汗流浃背地在机翼下为飞机挂上一枚枚重磅炸弹、机场指挥塔台上指挥员下达指令，又一批飞往"流氓国家"的战斗轰炸机正加大油门在跑道上滑行、起飞……

作为一名中国军官，当我真正站在美国驻欧洲空军司令部所在地——德国的拉姆施泰因空军基地时，我对这台庞然大物级的战争机器又有了新的认识。这次不寻常的经历不仅让我从一个军事指挥员的角度更仔细地考察了作为战争机器的美军海外军事基地,更让我从一个中国军官的立场真切地感受到了这个庞然大物后面的美军军事战略,重新对海外基地以及作战能力等问题有了进一步的思考与感悟。

拉姆施泰因空军基地,位于德国西部,莱茵兰 - 普法尔茨州的凯泽斯劳滕市(基地美国士兵称该市为 K 城,K-Town)西 16 公里,面积 21.4 平方公里,是美国和北约组织在欧洲最大的空军基地。拉姆施泰因空军基地和相当一批驻德美国空军基地都是朝鲜战争的产物,它出于防范苏联的需要,动工兴建于 1951 年。当时这里还是法国占领区,因此,最初由法国牵头动工,基地由法国工程师设计、德国承包商修建,由美国空军管理。

1951 年在美法互惠协议下,基地开始建设,到 1953 年完工。美国空军最初将基地作为两部分使用,中间由一条道路分割。南部的兰德斯图尔基地于 1952 年 8 月 5 日开放,一年后,1953 年 6 月 1 日,北部的拉姆施泰因也开放了。其中总部、管理和保障设施在拉姆施泰因基地;跑道、飞机棚场、塔台、舷梯则在兰德斯图尔基地。直到 1957 年 12 月 1 日,两个基地才被合并了起来,并统一叫作拉姆施泰因空军基地。

驻欧洲美国空军司令部是 1945 年 8 月 15 日由欧洲美国战略空军司令部更名而来的,其主要任务是指挥、控制、协调和支援由美军欧洲总部司令部分配的所有空中和空间作战任务,同时部分支援地中海、中东和非洲地区的空中作战任务。该空军基地下辖第 3 和第 16 两支航空队。其中第 3 航空队驻英国米尔登霍尔空军基地,第 16 航空队驻意大利的阿维亚诺空军基地。

拉姆施泰因空军基地除驻有欧洲美国空军司令部外,还驻有加拿大、德国、英国、法国、比利时、波兰、挪威、丹麦和荷兰等国的军事

人员，以及北约中欧盟军空军司令部，第
86 空运联队，第 2 气象联队，第 26 情报
联队，第 608 军事空运大队，第 1856、第
1964 通信大队，驻欧美空军武器实验室等
单位。驻有军人 7 800 人，文职 6 500 人。
1988 年 8 月 28 日，在拉姆施泰因基地举行
的航展中发生了世界航展史上最悲惨的事

空军基地 LOGO

故，当时有 30 万观众现场观看特技飞行表演，参加表演的 3 架意大利
空军飞机在空中相撞后坠落在观众区，造成 67 人死亡，346 人受伤。

目前，美军事基地布局以本土为核心，以海外基地为前沿，在全球共
建有 4 800 多处军事基地，其中，本土军事基地 4 100 余处，海外军事基
地 600 余处。在海外，美在除南极洲外的六大洲、四大洋建有关岛、夏威
夷群岛、阿拉斯加等 9 个军事基地群，辐射全球 40 多个国家，驻扎约 40
万美国军人。

美军海外基地布局整体上呈现大"M"形，由"V"和"Ⅱ"组成。其中，
"V"是重点，指欧亚大陆核心区，一条由阿拉斯加而下，一条由北欧而
下，会于"V"形底端迪戈加西亚。"Ⅱ"是指伸向非洲和拉美两翼的"两
条腿"，充当美全球军事基地布局的两大战略支柱。在"V"字上分布着叙
利亚、伊朗、朝鲜等国，以及中东、马六甲、波斯湾等多个关键地带，与
其战后军事行动存在内在逻辑。

近年来，美根据军事战略目标的调整变化，不断调整军事基地整体布
局，重点加强主要战略方向的海外军事基地建设。一是欧洲地区重心东移。
美把驻西欧基地的部分部队重新部署到一些北约新成员如罗马尼亚、匈牙
利、波兰和保加利亚等中东欧国家，同时不断扩大在波罗的海国家的军事

参观基地

存在，加大了对俄罗斯的战略压制。二是守住中东和中亚。在中东，美将基地重心从沙特和土耳其移至卡塔尔、巴林、阿曼等国，对伊朗和叙利亚形成军事威慑；在中亚，美国试图在塔吉克斯坦、乌兹别克斯坦设立基地，以保持对中亚地区的军事控制。三是强化西太平洋地区战略纵深。美在巩固东北亚、东南亚基地体系的基础上，加强了对第二岛链的军事部署，扩建关岛基地，并强化对澳大利亚和新西兰基地的使用力度，以增强扼守南海周边重要战略通道的能力。

美国"基地战略"调整的另一个方向，是打造"浮萍基地"，即安全合作据点。这个调整的初衷是为了反恐的需要，始于小布什政府后期，在奥巴马政府时期得到迅速扩张。这种基地又被称为"三无基地"，即无美

与同学合影

国国旗、无常驻人员、无随军家属，几乎都由美国军事承包商负责运营，主要任务是收集情报和协助军事行动。出于保密的考虑，目前美国在海外具体有多少个"浮萍基地"，不让外界获知。美国遍布全球的军事基地网，已经成了美国在这个地球上的"另类存在"。

美国"基地战略"的萌芽，始于富兰克林·罗斯福总统时期。1943 年，他指示美军参谋长联席会议为战后制订一个庞大的海外军事基地计划。罗斯福总统这个想法的直接触发因素，是 1941 年 12 月的珍珠港事件。由于种种原因，这个计划没有完全实现，但演变出的"前沿部署"战略却得到了忠实执行。这一战略的目的是，把威胁消灭在离美国本土尽可能远的地方，把军事基地建在离潜在威胁尽可能近的区域。

从美国海外军事基地进化的历史和现实看，"前沿部署"战略思维一直未变。美国遍布全球的军事基地网是由战争催生的，但这张网在进化中却衍生出了"基地威慑"的功能。为何核威慑的出现丝毫没有动摇美国的"基地战略"？重要的原因在于，与核威慑事实上停留在理论层面不同，"基地威慑"却能发挥现实性作用。紧邻对手的军事基地，其存在本身就是一种强大威慑。美国独一无二的庞大军事基地网，也是对假想敌核威慑的"对冲"。

美国"基地战略"的进化，很大程度上得益于军事科技的发展。但最终真正侵蚀"基地战略"效用的，可能也是军事科技。一方面，远程军力投射技术的诞生，使海外军事基地的作用不再像此前那样无可替代。另一方面，远程精确打击手段的出现，使海外军事基地在威慑对手的同时，也成了被对手威慑的目标。美国驻韩国军事基地，几乎都在朝鲜导弹射程之内，是美国不敢轻易对朝动武的重要原因。这样的困局，是多少军事基地和军力轮换都无法完全化解的。

八

学习的酸甜苦辣

走进"巴别塔"

很多人都知道《圣经》里通天塔（也叫巴别塔）的故事。当上帝看见人们在修建高高的塔的时候，他说："看啊，他们成为一样的人民，都说一样的语言，如今既做这事来，以后他们所要做的事就没有不成的了。"于是上帝做了手脚，让世界上有了各种不同的语言。

对我来说，比利时皇家高级国防学院就是一座"巴别塔"。学院授课

部分国际学员与校长合影

语言以法语、弗拉芒语为主，英语为辅，语言熟练运用水平直接关系到学习的质量和效率。我被分到以法语教学为主的班，当老师用英语授课时，同声翻译成法语，当老师用法语授课时，同声翻译成英语。按理说，这样人们会更多更好地了解彼此，消除许多隔阂。但事实上，就是一个看似简单的名字，也常常弄得我们焦头烂额，所以上帝一点儿也不用担心。

我的姓名汉语拼音是 LICHANGGENG，可以看成 LI, CHANGGENG 或 LICHANG, GENG。于是按西方人姓后名前的习惯，我就经常被人叫成 LICHANG, GENG——姓庚名李长。西方人多以名相称，于是我被人叫成李长。后来大家熟悉了，知道我名为长庚，他们才叫我长庚。也有按 LI, CHANGGENG 来称呼我的，就叫我长庚李，简称李。

赴法留学前，我们先在北京原后勤指挥学院外训系进行为期半年的语言培训，而后在法国宪兵学校进行高强度语言学习。学习期间，我始终突出"应用"目标，盯住"听说读写"能力，边学边用边强化。先期罗什福尔的法语培训阶段，我克服了亚洲人"不愿意表达"的心理障碍，注意多发言，多交流，强化锻炼写作能力，并在实践中提高自己的法语实操水平。在比利时皇家高级国防学院的专业学习中，我注重不断积累法语军事词汇，课上积极参与，课下加强交流。对于一些难度较大的课程，我采取课上录音，课下反复听讲的方式，确保准确理解和消化吸收课程内容。为充分利用课下时间，我给自己定了"2+3"小时的学习计划，把日常生活作为学习环境，坚持每天早上学习 1 小时，晚上 1 小时，每天共计 2 小时，并在周末额外增加 3 小时的法语自学时间。通过努力，语言应用水平得到了显著提高。

法语由于其复杂的语法结构和使用过程中的频繁变化，对包括中国在内的东方国家学员都是不小的挑战。尽管事先在法国有近一年时间的训练

分组讨论

和学习，在法国我用法语与外国人日常交流没太多问题，在法国和比利时驻中国大使馆的几次面试也都还算顺利，但我低估了语言关的难度。对于军事专业课程来说，有时我仍然感觉自己既是"聋子"又是"哑巴"。西方语言和东方语言差别很大，西方人懂两三门语言很容易，就像我的导师，既通英语，也通法语，还精通荷兰语。西方人学东方语言也是如此。我写的中国字，我的同学经常颠过来倒过去地看，千万不要以为我的字如何高妙，只是他们不知道中国字怎么站立，哪是头，哪是脚而已。

在进入皇家高级国防学院之前，我心里就非常清楚应该以怎样的学习态度来报答组织的信任，不辜负组织的期望。到了皇家学院后，这种责任感和使命感更加强烈，全院官兵中就我一名中国军官，我心里明白，现在的我已经不是单纯的自己，在比利时官兵的眼里，我的形象已经成为中国军人的化身，任何时候都有很多双眼睛在注视着我，注视着中国人民解放军。只要一想到这些，我心里不禁压力很大，从而也使别人眼中多姿多彩的留学生活变成了闭门苦读的学习生活。

在痛苦中前行

第一学期的课程主要有国际关系、战略管理等，一开始接触到的很多专业内容对我来说是全新的。每一门课都有大量的阅读材料，包括案例、教科书、杂志剪辑和其他文字及电子资料。多数时候，即使是以法语为母语的学生，也不太可能在要求的时间内全部看完这些阅读材料。可是在课程的开始阶段，很少有人认识到这一点，每一个人都希望可以全部完成任务。

为了准备周一上午的课堂学习和下午的小组讨论，我整个星期天都在宿舍看书，从上午看到晚上12点也没看完。为了能有一个良好的状态参

比利时军队领导接见外国学员

加周一的学习，而且估计第一天上课不会有太多实际内容，我在没有完成阅读作业的情况下，晚上 12 点就上床睡觉了。也许是因为兴奋抑或紧张，那一夜我睡得并不踏实，时睡时醒。那时我根本没有想到，随后的周一到周四晚上，我都没能早于凌晨 2 点上床睡觉！

8 点整，第一堂课准时开始。我们的教授迈进教室，教室里座无虚席，每个人都按时到达。教授站在阶梯教室前部的中央，扫视了一眼，全场鸦雀无声。教授说："从今天开始我们有许多事情要干，但在我们开始之前，我要求在座的各位为自己和你周围的同学热烈鼓掌，因为大家都做了出色的事情才最后坐在这里，你们应该得到鼓掌欢迎！"这句话打破了大家的沉默，教室里响起了雷鸣般的掌声，没有人会对教授的话表示异议。教授接着介绍了自己的背景、课程的有关情况以及比利时皇家高级国防学院的一些情况。他语言幽默，讲话富有感染力，不时引起同学们的阵阵笑声。这是第一天上午唯一让我感到开心的一段时间，此后，我都处在痛苦之中，因为老师上课的内容我最多听懂 60%，而同学们的课堂发言我几乎听不

在宿舍学习

懂！第一天上课就有很多同学踊跃发言，各种不同口音的英语或法语对我而言有点儿像是外星人的语言，我发现自己完全无法跟上课堂的节奏，这种情况部分归咎于我的准备不够充分，因为我没有完成规定的阅读作业，尤其是没看完一个20多页的案例，结果上课时就像是在听天书。

课堂教学与以前我习惯的方式完全不同，老师极少讲教科书上的内容，因为那是每个人在课前都应该阅读的内容。多数时候，课堂上以案例教学为主，教授的讲课都是直接从案例讨论开始，有时也结合案例讨论介绍各种理论。由于教授都有相应的专业经验，而且一些同学也是业内行家，因此课堂讨论的内容有较强的实用性和针对性，能够学到不少书本和讲义上没有的内容。遗憾的是，一开始我无法真正参与课堂讨论，而且也不太习惯这种直接以案例为基础的教学方式。

刚开始，还有一件事特别让我沮丧，那就是比利时人的幽默，特别是那些让我笑不起来的玩笑。每天上课的时候，教授和不少同学都喜欢开些玩笑来活跃课堂气氛。每当有人开玩笑，引得教室里笑声一片的时候，我都感觉非常不爽。因为我很少可以听得懂那些笑话。由于历史、文化的原因，我即使能够听清楚别人说的每一个单词，也还是觉得不好笑。看着别人在享受幽默，而自己却像个"聋子"，这种"众人皆笑我独醒"的感觉真让人有种说不出的沮丧。这种"众乐乐，我不乐"的情况一直持续快半个学期也没有大的改观。到了第10个月左右，我才逐渐开始享受这种比利时式的幽默。

尴尬的小组讨论会

第一星期的第一天，我参加了班上的小组讨论会，这是我第一次参加小组讨论会。我发现自己无法跟上小组其他人的节奏，他们法语的语速太快而且夹杂口音，我无法听懂他们之间的相互交谈，只能尴尬地坐在一边傻笑，成了一个可怜的"局外人"。在这次小组学习结束后，小组负责人对我们每个人的表现都进行了评价。评论我时，他在纸上画了一个微笑但沉默的脸，认为我在小组中被忽略了，因而要求小组的其他成员注意让每个组员都能够参与讨论。小组的其他人接受了负责人的意见，他们都觉得有义务帮助一个处于弱势的组员共同前进。我平生第一次感受到"木桶理论"运用到了自己身上——如果把我的小组看作一个木桶，由于我的语言能力弱，我就是木桶中最短的那块木板！几个月后再回过头来看这次小组练习，我发现，这只是我自信心和自尊心遭受打击的开始，更多更大的打击还在后面！

随着小组讨论的继续，我仍然难以跟上其他人的脚步，陷入了与上次相同的处境，再一次沦为"局外人"。在第一个科目的讨论结束后，我请求暂停，向大家说出了我面临的问题，小组的同学一致同意——如果我听

分组讨论

不懂，可以随时要求发言者重复。这是小组同学对我的特殊关照。在课堂开始的时候，每一个学习小组的组员之间都很有礼貌，比较有耐心，但随着时间的推移和学习压力的不断增大，并不是每一个小组都能够把这种礼貌和耐心长期延续下去。

那是周一，当天晚上从 7 点半开始，我先亡羊补牢，首先把周二课堂讨论的内容看完；然后学习周三的课程，先看教科书上的有关章节，再看案例和讲义，一点儿不敢放松。当我看完了所有内容后，时钟已经不知不觉指到了凌晨 2 点半！这可是精力集中的 7 个小时！

周二上课，原以为经过自学、小组讨论后，我在课堂上的感觉会比前一天好。然而结果仍然令人失望，我的感觉甚至比周一更差！因为当天课程的内容是我比较陌生的联合作战理论，而周一的管理学我则相对熟悉。下午仍然是小组讨论，虽然小组同学讨论的语速有所放慢，但我仍然听不太懂小组讨论的内容……晚上准备周四的课程，还是到了凌晨 2 点半！

到了周五，我明显感觉睡眠不足，上课时哈欠连连，喝了大量的咖啡才感觉清醒一些。困了就喝咖啡，这是生活常识。一开始咖啡对我还有提神作用，时间一长就几乎失效了，后来即使是刚喝了一杯浓咖啡我也可以很快睡着。即使如此，咖啡还是被我和很多同学当作主要的提神饮料。大量喝咖啡的后果至今依然明显，现在喝咖啡对我还是没有太多的兴奋作用，晚上喝几杯咖啡都照样睡觉。

通过第一个星期的学习，我意识到自己最大的困难其实是法语，听说读写与其他同学都存在差距，而且这个问题不可能在几周时间内解决。虽然出国前法语考试轻松得了高分，又经过了法国宪兵学校语言学习的提高，但我还是沮丧地发现自己的法语能力远不能应付专业学习，我在国内逐渐建立起来的对自己法语能力的信心，此时已荡然无存。平时能用法语与外国人交流绝不意味着法语能力在专业课堂上也够用。后来，通过与一些在国外攻读 MBA 的中国人交流，我发现对于非英语专业毕业的大多数中国学生来说，即使 TOEFL 的分数很高，在 MBA 课程的第一个学期，英语仍是令人头疼的问题，而最困难的莫过于参与课堂讨论。到了第三个月，我的语言问题才逐步解决，过了大半年时间，我才可以比较自如地参与讨论。

导师的邀请

秋天的脚步匆匆而过，但我根本无暇欣赏比利时美丽的秋天，第一学期的学习生活就像上紧了的发条一样，一直都绷得非常紧。时间一天天地过去，我每天都在忍受睡眠不足的折磨。每天十多个小时高强度的学习，但睡眠时间一般只有五六个小时或者更短，因此每天早上起床都是一次痛苦的考验。睡个懒觉更是十分奢侈，我只能在周六放纵一次——周六上午

外出参观见学

我一般很少在中午11点以前醒来。直到现在，我仍能清晰地记得中国驻比利时大使馆武官处白武官对我的鼓励，他对我说："我知道你们学习很辛苦，但这段经历将会让你受益匪浅。因语言问题，别人用一分努力，你必须付出十分！"

来到皇家高级国防学院之前，我从来没有像这样玩命学习过，即使是多年以前的高考也绝对无法与此相比。我每天的学习时间一般在14小时或者更多，甚至连做梦都在说法语。我也从来没这样担忧过自己的成绩，这有两个原因，一个是高级参谋课程的学习量太大，一个是我的语言能力存在差距。虽然有些课程让我感到比较吃力，但是，我还是渡过了难关。正如几个比利时同学在圣诞晚会上对我说的，他们挺钦佩中国人，因为中国同学能用法语和他们一起完成这么困难的课程而没有掉队。事实上，高级参谋课程同样使以法语为母语的学生难以应付，比利时、法国同学也经常怨声载道，繁重的学习压力让每个人都感到痛苦。经过几个月的魔鬼训练，我的法语能力已经有了很大提高，同时逐渐适应了高级参谋课程的学习方式，为后续的学习打下了良好的基础。如果把我在比利时皇家高级国防学院课程中的表现画张图，那就是一条不断上升的曲线，越到后面表现越好。

一次，大使馆白武官无意中和我开玩笑说："你来比利时学习，不是与比国进行军官交流培训，而是国家每年付出了××万元高昂学习费用。"听到这个令我沉重的数字后，我立即感到那种提神效果比喝10杯咖啡都管用。此后，每当我有倦怠的念头或情绪低落时，一想起白武官的话，就感到一种力量在鞭策我振作精神，坚持下去。

因为各种原因，当时互联网技术的迅速发展，却没有让我享受到视频聊天、免费网上通话等便利，而写信时间比较长，唯一与家人联系的方式，就是打国际长途，但通信费用实在是太高。记得有一次，妻子从国内打了一次国际长途，大约5分钟花费50元人民币，只好打了一次就作罢，实在是话费太高了！基本上是我从国外打回来，相对来说，要便宜多了，平均两三元一分钟。

无论多么忙碌，我都会定期给家里打电话，平均一个星期一次。不管我走到哪里，父母、妻子、女儿等家人，都是最挂念我的人。对他们来说，一个越洋电话，会让他们开心许久。其实，在每一条通往前方的人生旅途上，都有家的影子；那里，才是我最后的归宿，那里，才是我的力量源泉！

其实，在国外留学过程中，情感孤独带来的痛苦常常超过了其他所有因素。因各种因素，我没有在比利时一年多的课程期间回国，外国老师和同学对此既钦佩又有些困惑。钦佩的是中国人的毅力——面对这样一个高强度的课程，竟然还可以忍受与家人分别一年多的离别之苦。困惑的是中国人为什么会愿意忍受这一年多的离别之苦。写这本书的时候，我经常翻看在比利时皇家国防学院期间的日记，我把对家人的思念都写成了文字，记录在日记中。除了妻子和女儿，我还非常想念家乡的父母。我知道无论在什么地方，父亲和母亲都无时无刻不牵挂着我，而我能学有所成就是对他们的最好报答，这也是不断激励我追求职业发展的强大动力。

作为一个体育爱好者，我出国前就坚持各种体育运动。到了比利时皇家高级国防学院，虽然学习极其繁重，我还是尽可能坚持每周锻炼三次，每次跑步30分钟至40分钟，再去健身房运动20分钟。体育锻炼虽然花费了一些时间，但对我保持身心健康、缓解学习压力，都有着非常积极的作用。身体是事业的本钱，没有健康的体魄一切都无从谈起。

而我最喜欢跑步的地方，就是位于学院不远处的海塞尔（Heysel）高地易多明公园，绕公园跑上一大圈，将近8公里。公园内有被誉为比利时埃菲尔铁塔的原子球塔。这是一座造型奇特、气势宏伟、令人叹为观止的庞大建筑物，是布鲁塞尔十大名胜之一。该原子球塔始建于 1958 年，是比利时为纪念和平开发原子能和布鲁塞尔世博会的召开而专门建造的标志性建筑。其设计者为比利时著名工程师昂德雷·瓦特凯恩（André Waterkeyn）。他根据一个铁分子是由 9 个铁原子组成的原理，专门设计了 9 个银白色圆球。其中 8 个球各据一角，构成一个正方体，1 个球处于正方体中心。在这里，每个圆球都象征着一个铁原子，圆球与圆球之间又严格按照铁分子的正方体晶体结构组合在一起，从而形成了一个巨大的铁分子。换句话说，这座原子球塔，就是放大了 1 650 亿倍的铁正方体晶体结构。

原子球塔高 102 米，总重量 2 200 吨。从地面到顶端最高的圆球之间设有快速直达电梯，在其他各个圆球内装有滚动扶梯，人们可以在每个圆球之间自由往来。无巧不成书。昂德雷·瓦特凯恩之所以设计出这样一个新奇的方案，有三个巧合：一是当时欧共体正巧有 9 个成员国。二是比利时正巧有 9 个省。三是当时认为围绕太阳运行的正巧是 9 个行星。三巧合一巧，铁分子的 9 个原子正巧成为比利时和欧共体的象征，同时用微观世界的原子结构来展示宏观宇宙 9 大行星的运行奥秘，既表达了发展原子能的巨大前景，也寄托了人们利用原子能开拓宇宙资源的良好愿望。因而，原子球塔成为历届世博会最亮丽的标志性建筑之一。

从 11 月开始，比利时的白天明显变短了，时间也改为了冬令时。雨和雾开始统治着天空，冷风凄雨中太阳也难得露一次脸。我早上 6 点半起床时，天一般不大亮，待下午下课时，夜幕早已降临，给人一种不见天日的感觉。糟糕的天气、披星戴月的生活、沉重的学习压力，这一切都让人的情绪跌落到了最低点。这时我能做的只有咬紧牙关坚持下去，相信到圣诞假期时一切都会有所好转。

第一学期期末，每个外国同学与各自的导师都有一项重要活动——共进晚餐，这是教学计划中特意安排的。一天，我收到了导师贝姆·维米尔少校（Maj Bem Vermeer，Ir）发来的电子邮件，邀请我和他到一家中餐馆吃晚饭。

比利时虽然称不上美食大国，也没有著名的特色菜式，但餐馆业却十分发达。有人形容比利时餐馆业为："没有特色本身便是最大特色。"此话如何理解？导师维米尔给我的说法是："近 20 年来，比利时的餐馆业一直在向多样化发展，亚洲、非洲、拉美和阿拉伯风味的餐馆业都来此安营扎寨，欧洲'首都'因而汇集美味佳肴，任何一个食客在比利时都不难找到来自家乡的饭菜。如今在比利时大街小巷的餐馆已有八九万家，其中 90%是异国风味，国家虽小，却可吃遍世界，这就是比利时的特点。"虽然当晚我有无数的工作要做，但这是一次不应缺席的活动。

我心里琢磨，导师指定安排要吃中餐，一方面，是为了拉近与我的心理距离，另一方面，中餐确实在当地口碑也不错。最初的中餐馆，受食客群体和经营者自身的实力和眼界所限，既小且脏。如今，中餐馆已摆脱了"脏乱差"的标签，成为横跨中西、老少咸宜的美味招牌。比如我们所在的布鲁塞尔大广场附近的中餐馆，里面人声鼎沸，火爆程度丝毫不亚于国内。据说中餐已经成为比利时当地人最喜欢的餐食，在比利时大街上也很难找得到不会用筷子的比利时人。

这是一顿令人愉快的晚餐，也是我第一次在国外吃中国菜，那晚我与导师像朋友一样，聊得非常开心，气氛也很融洽。而出国前我了解到，在国外与别人吃饭时大多采用 AA 制，大家共同分担费用。当我主动提出由我来买单的提议时，导师维米尔婉言谢绝了，他说今晚是他事先邀请的，由他来负责请客。

看他这样诚恳地说，我也没有太勉强，心想，按照中国人礼尚往来的礼仪，下次该轮到我请客啦。

宝贵的喘息时间

　　经过两个多月高强度的学习，包括法语国家同学在内的每一个人都感觉筋疲力尽，大家都在盼着圣诞节能早点儿到来。就在学习最繁忙的时候，伊斯兰教传统的斋月来临了，这对穆斯林同学是一个严峻的考验——白天不能吃东西，至多喝喝饮料，可那根本不够提供学习所需的大量能量。值得庆幸的是，这个阶段比利时的白天时间不长。斋月结束后，有个穆斯林同学告诉我，这是他经历过的最漫长的斋月，他的精神和身体都经受了巨大考验。

与同学在一起

圣诞节街景

圣诞节，是西方最热闹的节日。家家张灯结彩，空气里充满着节日的喜悦。我原来在国内是节假日活动的边缘人，认为那要么是无聊的传统，要么是生意人的口实，现在才觉得远不是这么回事。其实，很多节日是按照大自然的节奏和韵律设立的，代表着一种人与自然的和谐，应和着人自身的节律，就像生命长河中的一个个点，把你从对名利追逐的繁忙物质层面中拔出来，让你回到对自然的崇敬，和亲人一起欢娱的精神层面上来。

圣诞假期是 年中最长的假期，偌大的校园安静了许多，显得更加空旷。每天上午起来拉开窗帘，透过落光了叶子的树枝，看不远处的皇家花园，秋季的壮美景象已经被满眼的恬静所取代，大地也在休养生息。而对每位学生而言，为期两周的假期是一段宝贵的喘息时间。

这段时间，一些外国学员的家属来到了学院，有的还带来了孩子，共

与保罗合影

享天伦之乐。对我而言，假期里还有一件重要的工作，就是为毕业论文做准备，包括阅读教材、购买书籍等。出于对毕业论文的担心，我从圣诞假期就开始收集各种资料，甚至打电话让国内的同事帮忙，为此花了不少时间。后来事实证明，提前收集资料对我来说至关重要。

圣诞节前两天，我很意外地收到一名比利时军医热情洋溢的邀请信。信的来意很简单，就是想请我到他们家一起过圣诞节。这名军医保罗（Docteur Paul Van Neste）上校是院长欧文少将的朋友。原来，他的父亲早年曾到过中国，中国的发展变化和中国人的热情好客给他们留下了深刻的印象。他听说就在皇家高级国防学院有位中国军官，说什么也要请我到他家里做客，一来想见识见识中国军官，二来尽尽地主之谊。他做通校长的工作后，就给我发出了邀请函。为避免违反有关纪律，我特意向中国驻比利时大使馆武官处报告了情况，获得批准才同意。

当天下午，保罗准时来学院接我，我们一起驱车来到保罗的母亲家。保罗母亲独自一人住在乡下，他的父亲已过世多年了。保罗母亲是一位慈祥的老太太，一到家中，就把作为比利时传统礼物的一个大面包送给我。后来，保罗的弟弟、弟媳也来到了家中，大家互赠礼物，互道节日快乐。

这是我在老外家度过的一个真正意义的圣诞节呢。

一晃多年过去了，每当圣诞节来临，和保罗大家庭共度圣诞节的场景便又会浮现在我的眼前。布鲁塞尔郊外的一间乡下别墅里洒出柔和的、橘黄色的灯光，大家一起手挽手，身后是盛装的圣诞树，上面的小天使和铃铛熠熠发光，围在一起唱赞美诗《在宁静的午夜来临》，心中涌起的是从没有过的宁静和幸福……

> 安静的夜，神圣的夜
>
> 一切都宁静，一切都明耀
>
> 圣洁的母亲和孩子围绕在你身边
>
> 圣洁的雪花是那么轻柔和湿润
>
> 在天堂般的宁静中睡吧
>
> 在天堂般的宁静中睡吧

与保罗家人合影

圣诞节之后，就是中国的传统佳节春节了。我被邀请到中国驻比利时大使馆一起吃年夜饭。因为时差原因，下午 2 点我就到大使馆的会议室收看中国中央广播电视总台的春节联欢晚会，傍晚 6 点钟上菜的时候举杯和全国人民一道庆贺午夜辞旧迎新的时刻。这是我第一次在远离祖国的异国他乡过春节，平生第一次感受到强烈的乡愁。"每逢佳节倍思亲"，我从未如此思念万里之外的家人、朋友，同时想起了我们一起度过的美好时光。人生的路总会伴有阅历的增长、观念的更新、心性的成熟，成长的收获只有靠自己的汗水来浇灌。

其实，对于海外游子而言，对远方家园的思念是一种深藏于心的恋情，尽管那么渴望去闯荡外面的世界，对家的思念却时时深藏在心底。如果没有在异国他乡漂泊的经历，国内的同胞其实很难理解海外游子对家乡和祖国的那种心绪。

渐入佳境

在国外生活了近两年，看够了这里天气的变化无常，我终于明白了为什么外国人会喜欢谈论天气。虽然 4 月还出现了漫天大雪，但春天到来的脚步仍无法阻挡，太阳也用越来越长的白天宣告了春天的回归。

4 月的一天，我惊喜地发现，宿舍前面的樱花树上悄然出现了许多花骨朵。到了 5 月，那些我叫不出名字的植物都不甘寂寞，争相展示着蓬勃的生命力，一时间皇家学院百花盛开，空气中弥漫着花朵的芬芳，满眼尽是姹紫嫣红，整个学院被装点成了一个大花园，随处是鸟语花香。蛰伏了一个冬天的松鼠也重新活跃在校园里，而我第一次发现皇家学院的校园竟然如此美丽。

同学马赛厄斯（Mathias）的话没有错，在春天真正到来的时候，随着自身能力的提高、天气的好转，我的感觉与前几个月有很大不同。圣诞节后，由于语言能力的提高，我开始越来越多地参与课堂讨论，课堂发言的次数和时间都大大增加。课堂上，我不但经常提出自己的问题和观点，而且敢于质疑那些我不赞同的观点。

我的 presentation 能力也有显著提高，已经能够比较自如地应对课堂上的演讲。我们在这里学习除了考试外，还有 presentation，就是口头报告。这个 presentation 不是简单地说一说，更重要的是合理地组织和展示你的学习体会。我认为这是一种比考试还厉害的"考试"，因为它的考查是全方位的：处理材料、研究、表达，不仅是书面的，还有口头的。相比之下，我们平时的考试是多么的狭窄和单薄！

印象中，我的 presentation 共有两次，一次是讲山地进攻战。为了充分准备，我打电话到国内让同事李树龙帮我找资料。另一次是介绍我国的国防政策。这种新的学习方式对我来说确实是一个新的挑战。

如何在严守保密纪律的情况下又不失偏颇地全面介绍我国现在的国防政策和中国人民解放军，这是在演讲中必须重视的问题。经与大使馆武官处沟通，我决定以《中国国防白皮书》为基础，来准备我的演讲稿。在正式演讲之前，我还请我的同学让·马克就法语表达技巧进行现场指导，并反复地进行了练习。

我就中国的国防政策、人民解放军的改革发展、国防经费等多方面，图文并茂地制作了 50 多张幻灯片。对很多人而言，这是他们第一次有机会比较全面系统地了解中国和中国军队。为了达到更好的宣传效果，我在教室里展出了从中国大使馆里找来的各种关于中国和中国军队的宣传材料，从风景如画的桂林山水开始，慢慢地把他们的目光吸引到现代开放的中国和威武文明之师的形象上来。看到有的人眼里开始放光，我知道，我

外出参观

已经调动起了有些人想来中国一游的想法。难怪现代社会里会有越来越多的展示会，原来交流、沟通和展示越多，别人对你的认识、了解和相信就越多，彼此之间更容易建立友谊，达成合作。

presentation 介绍占总成绩的 30%，我自然不敢怠慢。在完成我国的国防政策演讲后，我还特意向一位非洲同学安南询问，今天的演讲效果如何。他认真地给予了高度肯定，同时还不忘高高地竖起大拇指，认为我今天的表现相当不错。在国外，人们都习惯于鼓励别人，因此我也把他的评价当成了一种礼貌。没想到，几周后公布成绩时，我竟得了 85 分。比利时皇家高级国防学院课程使用百分制，50 分是及格线，80 分以上就是很高的分数了。同座的外国同学对于我的成绩惊讶不已，都说要重新评价我！现在回想起来，那天的演讲之所以能取得比较好的效果，一方面受益于在演讲能力上的速成，另一方面则归功于图文并茂幻灯片的制作，相信大量的图片展示带给了大家耳目一新的直观感受。这些进步更是得益于我前面的刻苦努力，可以说是水到渠成的结果。

presentation 结束时的掌声是我这一辈子都不会忘记的，这种掌声已经不同于我们听惯了的礼貌掌声，而是一种真诚的反响，其中既包含着对我这段时间工作努力的认可，更有对中国军队建设发展的理解和肯定。这次演讲给我的启发是，中西之间的距离并没有那么遥远，只要我们彼此加强交流，两军之间完全可以在很多问题上达成共识，建立良好的理解和信任。同时我突然想到，这就是名片效应。走出国门，我们代表的是中国，世界从我们身上看到的是中国形象。我们要当好"中国名片"，用实际行动向世界传递和平，为军旗增辉，为国旗添彩！

随着学习越来越轻松，利用周末时间，我也偶尔逛逛比利时的跳蚤市场，作为"考察"当地民情的极好机会。周末的早晨，布鲁塞尔的城市似乎很晚才苏醒。当阳光洒满大地时，大街上依然是静悄悄的，平时车水马龙的景象不见了，疾驶而去的汽车寥寥可数。然而，在跳蚤市场上，却是另一番景象：人头攒动，熙熙攘攘，灿烂的阳光更增加了逛市者的情趣。

摆摊的则出动更早，晨曦未露，跳蚤市场便繁忙起来。设摊者驾车进入"跳市"，将自己需要处理的物品，大到家具、家用电器，小至衣帽鞋袜、锅碗瓢盆、小工艺品等，摆放整齐，恭候顾客光临。

跳蚤市场有的在超级市场（周日不营业）空闲的停车场，也有的在繁华的大街或僻静的小巷，还有的在室内，风雨无阻地开市。有的地方每周举办一次，有的地方则每月的某一天才举办，还有"专业"的"跳市"，专门出售邮票、明信片或玩具等。被称为"年市"的跳蚤市场，一般都颇具规模，往往能占满整个街区，甚至还有沿街而行的乐队及儿童游乐项目助兴。每逢"跳市"，警察也会闻风而动，负责指挥交通和维持交易秩序。

各种跳蚤市场开放时间从早晨6点半至晚上8点不等，需设摊位的，须事先申请，并缴纳数十欧元的摊位费。如想在"跳市"设摊或逛"跳市"，想知道何时何地举办"跳市"，查一下比利时报纸的分类广告，便可获得相应信息。对跳蚤市场有特别浓厚兴趣的摊主或顾客，还可以购买每月出版的有关下个月比利时全国"跳市"预告的小册子。

人口1000万的比利时，大小城镇每年累计要举办2000多次"跳市"，可见跳蚤市场之红火。

万象更新

愉快、充实的时间总是过得飞快，夏天在6月悄无声息地来到了皇家学院。每天，太阳很早就开始展现自己的光芒，直到很晚才不情愿地拉上夜幕。夏天的校园没有了春天的那种五颜六色，但我感觉夏天才是

与比利时同学合影

布鲁塞尔最好的季节。布鲁塞尔的夏天算不上炎热，最高气温在30℃以上的时间也并不多。因海洋性气候，即使在夏季，比利时的天气仍然不改反复无常的个性。有时，刚刚还天气晴朗，但是很快就风云突变，下起了雨来。我打电话回家，母亲告诉我，那一年的夏天是家乡多年来最热的一个夏天！

在美好的初夏时节，第四学期开始了。把我在布鲁塞尔的生活画一条幸福曲线，那么5月到7月就是这条曲线的高点。总体而言，这段时间里我的心情一直比较愉快，这既归因于我在学业方面的进步，也归因于我和各国同学交往的加深，还归因于令人愉快的天气。

随着交往的增多，我逐步和不少同学混熟了，相互之间偶尔也开一些玩笑。应一些同学的要求，我开始教他们说一些简单的中文。这些同学向我学得最多的中文是"你好""谢谢""干杯"等常用短语。也有不少比利时同学邀请外国学员到家里做客。我也接到了很多邀请，每次参加此类活动，都是与各国同学加深交往的好机会。按照比利时的礼仪习惯，每次参加我都会带上小礼物。

时间匆匆，不知不觉，高级参谋课程结束的日子就快要来临了。每一位老师在自己的最后一堂课结束时都会向学生告别并表示良好的祝愿，而学生们则回报以经久不息的掌声，这一幕在最后的几周里不断上演。

按照惯例，学院举办了一场盛大的告别晚宴（Fete d'adieu）。比利时人请客与我们中国人请客的观念不太相同，他们更注重于形式上的庄重与热烈，比如在发给每一名毕业学员的请柬上，除了说明宴会的时间、地点等要素外，还专门对出席宴会的着装规定进行了说明。由于这是一次与教学有关的宴请活动，请柬上特地注明了出席的人员一律着军队礼服。比利时的军队里总是"巧立名目"地设置各种各样的纪念日，除了国王的生日和各个军种的成立纪念日，学院要安排大型的宴会外，每一学年学院还会举办颇具特色的聚会，比如比利时国庆日、邀请外国军政重要人物来学院演讲等，这类庄重的聚会，所有军人一律着正规的晚宴礼服参加，盛装出席的各国军官在畅饮美酒与人交流之时，也在接受着历史、人文等教育。

绝大多数外国学员和他们的家属出席了宴会，管理培训中心的大厅里空前热闹。晚宴开始前，在军官咖啡厅里，教官与学员、学员与学员之间进行着热烈的交流。教官礼节地询问大家学习生活情况，是否享受在皇家高级国防学院的生活，在学习中是否有什么不适应的地方等，学员们则是对比利时军方的留学安排表示感谢，并对在皇家学院的学习收获表示满意。

随后，学院院长欧文少将发表了热情洋溢的演说，他简要回顾了一年来的历程，对所有学员及他们的家属表示感谢，对外国学员尤其是来自非法语国家的学生表达了敬意。欧文少将的演说充满热情，时间不长但内容

与法国同学夫人合影

丰富，这是我亲身经历过的演说中记忆最深刻的一次。最后，欧文少将对大家说，你们应当为自己取得的成绩感到自豪，请对你身边的每一个同学说"祝贺你！"院长的话音刚落，晚会大厅里就响起了一片"Felicitation（祝贺）！"，同学们相互拥抱庆贺，这是一个激动人心的时刻。是的，我们终于完成了充满挑战的课程，完全有理由为自己取得的成绩和进步而骄傲！

将军演说完毕，宴会总管便摇响了开饭的铃声，宾客陆续来到餐厅。一条长长的餐桌颇有一种会议室的规模，只是上面银光闪闪的烛台和刀叉提醒你这是宴会的地方，学院院长和其他领导作为主宾分坐餐桌两旁，受邀宾客则按照预先摆好的名牌各就各位。餐前酒、头盘、主食、甜点、咖啡，随着招待员的来回穿梭和桌上餐具的不断更换，一场传统的比利时晚宴就这样一幕幕地进行下去……

峥嵘岁月再回首，通过一年多时间的高级参谋课程学习，我的收获绝对是盆满钵满。这一年是我生命中一个重要转折，也是我军人职业生涯的

比利时同学丹尼尔（Daniel）全家合影

一个新起点。通过学习，我更加全面地认识了自己，大大增强了自信心。高级参谋课程的系统培训帮助我更全面、科学地认识了自己的特点和潜力。虽然在课程的初期，我的自信心曾受到沉重打击，但是等到课程结束时，我的自信心不但得到恢复，而且有了显著提高。我变得更加积极和主动，有更多的自信去面对今后职业生涯的挑战。每当面对一个难题时，我不再想这件事我可能做不了；相反，我会努力去寻找一个建设性的解决方案。

经过皇家学院高级参谋课程的培训，我学会了如何与不同文化背景的人进行团队合作，团队合作的能力和意识都有了很大提高；我的思维方式发生了改变，能够从不同于过去的角度来思考和分析问题；我的法语能力同样有了极大的提高，我能够用法语与外国同学进行有效沟通，用法语进行演说已经不再是苦差事。与各国同学的广泛交往使我每天都能从他们身上学到东西，也显著拓宽了我的思路。可以说，高级参谋课程学习的很大一部分是通过同学之间交流合作完成的。

我在这段时间里尝试了很多新的事物，大大开阔了视野，开放了思想。高级参谋课程给了我一个重新审视和思考以往工作经验甚至人生价值的机会，用高级参谋课程所学联系以前工作中遇到的问题，很多曾经的困惑可以得到解答。作为一种管理教育，高级参谋课程也弥补和提高了我所欠缺的知识和技能，例如战略管理、联合作战理论等，这些知识和技能的提高对我的职业发展有着积极的作用。

九

117师人物

第 117 师

比利时皇家高级国防学院，是比利时国家最高军事学府。我所在的参谋高级班，编为 117 Division，缩写为 Div，法语 Division 翻译成汉语有"师"的意思，我们权且称为第 117 师吧。我们经常使用的是一间阶梯教室，它虽不大，但布置得很有国际范儿，教室四周插满了所有学员所在国的国旗，其中一角是法语或英语同期翻译室。当大家聚在一起时，你会惊讶地发现这里有一支浓缩的联合国部队，五颜六色的军装会直观地告诉你，这里的教官和学员不仅来自比利时各兵种部队，还有其他国家来国际交流的军官。

在介绍我们班级之前，有一个重要人物不能不提。他毫无疑问是一院之长欧文将军阁下。相比于身材魁梧、满脸络腮胡的副院长，在学员眼里，院长更多的时候是一个和蔼、慈祥的长者。和蔼、慈祥不仅体现在其说话的语气和时常挂在脸上的笑容上，更主要的是他能够抓紧在喝咖啡的时候询问你在学习和生活中遇到的问题，随时忘不了要鼓励你几句。学员们围着站在将军周围，回

学院院长欧文将军

答将军一个又一个的提问，就好像在做一个关于皇家学院教学的民意调查，看得出将军确实想更多地了解他的部下管理学院的功过利弊。貌似彬彬有礼、等级分明的比利时军人并没有太多的恭维巴结的语言，他们会按照自己的想法谈论自己对学院教学训练，以及日常管理工作中的看法和建议。不论是对将军还是对学员而言，此刻喝什么已经变得不再重要，而谈什么倒是成了大家关心的内容。仔细想想，皇家学院几乎没有开过全院大会，也没有进行过系列的政治教育，对学员的管理工作之所以能够有条不紊地进行，我想，秘诀之一也许就是官兵之间有顺畅的沟通交流渠道吧。

全班 48 名学员分别来自 4 大洲、17 个国家，就年龄来说，其中最大的 48 岁，而年龄第二小的也比我大 8 岁，我是班里名副其实的"小弟弟"。按照惯例第一堂课上每个学员，包括本国学员都要进行 5 分钟的自我介绍，以便大伙尽快相互熟悉。第一次亮相非常重要，而我想，自己年纪最小、职务最低，理应对他们表示尊重，但又不能狂妄自大，更不能卑躬屈膝、丢人现眼，给自己的国家抹黑，如何把握好这个度？

外出见学

轮到我上场，首先我说了几句客套话，表示要虚心向大家学习，但马上接着说，"既然我们在一起学习就都是同学，大家是平等的、一样的，没有什么区别的！"稍做停顿后，我加重语气继续说，"因为我们都是未来的将军！"话音刚落，全班响起了一片热烈的掌声。

就这样，我一口流利的法语，简短的几句话掷地有声，既幽默又不失风度，既礼貌又不卑不亢，就连主席台在座的欧文院长也频频满意地点头。就这么几句不到 5 分钟的自我介绍，使我在异国军校博得了"将军"的别号！打这之后很长一段时间，大伙每每遇见我时，不呼其名而呼"李将军"。

前面已经提过，除上课时间以外，每天上下午课间两次的咖啡时间，是 117 Division 教官与学员，以及学员们之间难得的交流沟通时间。几乎所有的教官、学员们齐聚一堂，端着小小的一杯咖啡，在人群中不断地变换着交谈的对象，转换着不同的话题，在这种场合下，绝对是醉翁之意不在咖啡，而在谈话对象之间。半个小时咖啡时间，对比利时军官来讲再平

学院咖啡厅一角

常不过，每天这样与同事交换意见也是家常便饭。在互相交谈沟通中，话题当然不限于谈论天气和空洞的政治话题，大家更多的是讨论学习中的看法，交流个人意见，不断提高自己。

刚开始，我还不太适应这种交流方式，时间一长，就有点儿显得不合群。因此，我决定积极适应这种交流方式。现在回想起来，咖啡时间绝对是我不可多得的第二课堂，在这个课堂上，我可以自由地提问，问题种类不限，可以谈皇家高级国防学院的历史、中比交流，很多关于比利时的军事情况都是从第二课堂上听来的。当然，也可以聊比利时的体育、文学等。比如，比利时著名的女子网球运动员基里斯滕·菲利皮肯斯就住在学院附近，当年她在美国公开赛获得女子双打冠军，温布尔登锦标赛获得单打冠军，因此她不止一次成为我与同学们聊天的最佳话题。在交流中，我深深地感受到中西方之间长期互不了解的陌生感，从比利时军官的眼神中也切

外出见学

身感受到他们对东方的好奇。有些军官甚至认为，中国汉字那么复杂，想必字根也比较多，打字的键盘一定会像课桌那么大吧！他说完后，还不忘用手比画着夸张的手势。我当时差点儿晕掉，只好耐心地告诉他，我们用的键盘和你们用的是一模一样的，键盘上没有汉字，我们有专门的打字软件，我个人感觉熟练后，甚至比英文单词输入更简便。听完我的解释，他也差点儿晕掉。

记得还有一次，因头天晚上大使馆武官请我吃饭，有剩余的打包饭菜，本着勤俭节约的美德，第二天中午我就直接回宿舍，用微波炉热了当午餐吃，免得浪费。没有想到的是，下午咖啡时间，一比利时的哥们儿一脸严肃地偷偷问我："你中午没去食堂吃饭，是不是没钱了呀？要不要同学们给你募捐一点儿？"这个比利时同学的一席"好心话"，真让我哭笑不得！

很多比利时军人对中国一知半解甚至一无所知，这也是激发我在以后的日子里，积极宣传中国和中国军队的主要因素。

我的论文导师维米尔少校

我的论文导师，名叫维米尔·史蒂文（Vermeer Steven），他是比利时及至欧洲著名的国际问题专家，同时也是一位非常严格的教授。他上课的风格在皇家学院独一无二——在课堂上他总是一刻不停地走动，从讲台的左边走到右边，再从右边走到左边，然后离开讲台一直走到阶梯教室座位的最后一排，然后再折回到讲台……他很少在某个点停留超过 30 秒钟。曾有同学计算过，一堂课的时间，维米尔在教室里走过的距离有 2 公里！在不停地走动中，他说话的语调始终铿锵有力，充满激情。维米尔的独一无二还表现在他的课堂提问方式上，他总是在走动中

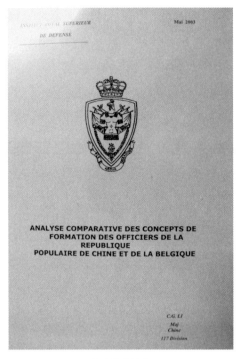

我的毕业论文

随机点名提问，教室里的所有学生都必须时刻准备回答问题。两节课下来，整个教室的人都会被至少提问一遍，基本不会有人被漏掉。如果学生课前准备不足或者是在课堂上开了小差，没有认真听讲，则很可能回答不了维米尔的问题，所以，维米尔的课总是让人心惊肉跳，但是大家还是喜欢上他的课。

第一次认识维米尔后，当我告诉他我的法语还不够好，请他原谅时，他对我说："你的法语很好，我们可以有效地沟通。而我连一句中文都不会，这点你比我强多了。"要知道，上了一星期的军事专业课程后，我在国内建立起来的对自己法语能力的信心，已遭受了沉重打击。没想到，眼前的这位比利时教授，第一次和我见面竟说了这么一番话，这对我来说是很大的鼓舞。

我在国内主要是从事院校教育管理工作，因此我选择的论文题目是《中国和比利时军官教育概念的比较性分析》（*Analyse comparative des concepts de formation des officiers de la Republique Populaire de Chine et de la Belgique*），这得到了维米尔教授的积极支持。利用周末、晚上等课余时间，维米尔教授与我就论文的框架结构进行深入探讨，确定主要从军事教育的历史传统和模式、教育价值观、军队建设的水平和要求等方面作出扼

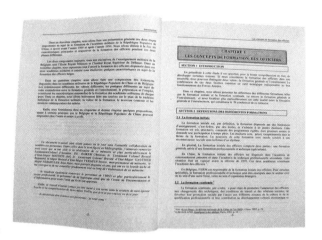

要的分析。全文共分五大部分：第一章，军官教育的有关概念。第二章，中国军队院校教育训练的特点。第三章，比利时军队院校教育训练的特点。第四章，中国和比利时军队院校教育训练的比较性分析。

我的毕业论文

第五章，结论。为使我有机会全面了解比利时军官教育的有关情况，他特意热心地给我介绍一位他在另一所军校任教的同学，我也得到了他的同学真诚的帮助。

在与维米尔教授研讨论文的过程中，我们也成了无话不谈的好朋友。他告诉我，这已是他第三次进院校。在比利时军官队伍中，每年都有约一半的人在院校或研究机构深造，其中大多数在军队院校学习，也有一部分到地方大学攻读学位，在职军官中有相当数量的人参加函授教育。比利时军官的教育基本上是一种任职训练，送校学习的军官，毕业后相当一部分因转任新职而不会回到原单位。

据我所知，比军有着严格的岗位轮换制度，因此，军官队伍便始终处在流动之中。军官的军事生涯，是轮流在三个最基本的岗位上度过的，那分别是在部队任职、在机关或院校任职和去院校或研究单位深造。不停地变换工作岗位和地点，不断地在部队指挥官、机关参谋军官或军校教官和军校学员之间转换身份，是军官们必须接受也乐于接受的安排。军官们在岗位的转换中增加阅历、更新知识的同时，也得到了职务的逐级晋升。在比利时，一个阅历单一的军官是没有多少发展前途的。维米尔教授告诉我，比利时军官大都有在国内和海外司令部任职的经历，允许家属随军官调动，对于确保岗位轮换制度的实施，显然是十分必要的。据了解，比利时军官在服役期间待得最久的地方，可能是各级各类院校。确实，家属随行，人走家搬，也有利于原单位的住房安排和管理。

毕业时，学院论文评审委员会对我的毕业论文给出的综合评定结论是"良好"，同时对论文撰写和口头答辩情况分别给出了评价。在论文撰写方面，认为"此论文一方面基于中国军队的文献，另一方面基于比利时军队的相关组织介绍和文献。李少校同时请教了比利时相关的负责不同教育水平的军官。他为了与中国军官教育概念进行比较，在更好地了解比利时军官教育方面作出了很大的努力。论文能够紧紧围绕主题，展开论述，结构非常严谨"。在口头答辩方面，认为"采用图表的方法，非常好地介绍了

与同学在一起

论文。结构合理，思想被很好地展开。对于能够熟练地掌握一门与他自己的国家文化差别很大的语言，所付出的巨大努力，评审委员会表示充分的肯定"。毕业论文能够得到学院论文评审委员会的高度认可，并取得良好的成绩，我想，与导师维米尔教授的真诚帮助是密不可分的，我从心底里非常感谢他。

我的学习辅导员让·马克

按照学院的安排，每一个外国学员由学院统一安排一名比利时同学对口负责，法语称谓 Parrain，字义为教父，这里姑且称为辅导员吧，主要是当你在学习、生活上等遇到困难时，由该同学负责给予帮助和协调。我想，这大概就是国内所说的一对一"结对子"吧！我的辅导员名叫 Jean-Marc，翻译成汉语就是让·马克。

当时，让·马克没有结婚，只有一个同居女友。来到比利时后，我学到了英文单词"partner"的新意义。在欧美国家，"partner"的使用范围非常广泛，既可以指配偶也可以指未婚的男女朋友。刚到比利时时，一位比利时同学告诉我，他还没有结婚，但已经生育了三个女儿！后来我发现，这种同居多年而不结婚的情况，在很多西欧国家相当普遍，很多人有了孩子也仍然不愿结婚。在参加各种社交活动的时候，常常会听到介绍"这是我的 partner"，只有那些结了婚的人才说"这是我的太太或者先生"。

让·马克告诉我，只要我有时间，他非常乐意为我进行一对一的法文指导。比利时人的热心令我感到他确实是想帮助我。由一位法语专家单独进行面对面的法语辅导，我简直无法奢望比这更高的礼遇。一次，我们一同去逛超市，他特别有心地挑了一双运动鞋送给我，"长，在比利时一年，一个是把身体练得棒棒的，另一个是把法语学好，就足够了！"让·马克

与让·马克外出参观合影

笑着对我说。

从第三周开始，一直到高级参谋课程后期，几乎每个周五让·马克都会对我进行一个小时的法文辅导。每次法文辅导都是随机选择一个话题，然后聊一个小时，这个过程中让·马克随时纠正我口语中的问题。第一次辅导的时候我才知道，原来让·马克对我在刚入学时表现出来的法语能力不太放心，担心我无法应付正式的高级参谋课程，但从几次考试和报告的成绩看，我的表现比他估计的好，应付学习似乎问题不大。我告诉他，法语确实是我现阶段面临的最大问题，尤其是口语。让·马克指出，我的口语存在的最明显的问题在于口语节奏——一种中文式的口语节奏，每个单词的发音太短，但两个单词之间间隔太长，导致发音不清晰，别人就可能听不明白我说的话。十多天后，在个人沟通技巧培训时，老师也为我指出了同样的问题。然而，这种语言习惯的改变不是一朝一夕可以完成的，加之自己说中文的语速本身就比较快。见老外说法语的语速飞快，我也不自觉地想说得和他们一样，但法语毕竟不是我的母语，一旦说快了就发音不够清晰，其实从语言沟通效果看，说话清晰远比说得快重要。

让·马克经常给我鼓励，总是先肯定做得好的方面，提醒我不断看到自己的进步，再指出我存在的不足。我告诉他，从高级参谋课程开始至今，我的自信心已经受到了重挫。让·马克听了后竟哈哈大笑，按照他的说法，这是一个再正常不过的现象，比利时皇家高级国防学院课程就是先沉重打击我的自信，再帮我重建自信的过程；随着课程的进展，我将会变得比以往更加自信。他还曾不止一次告诉我，他很钦佩中国人，尤其是朝鲜战争中，中国人打败了"联合国军"。

我是第二个在皇家高级国防学院进行学习的中国人。后来，我和学院其他几位老师也有过比较深入的交流，他们无一例外都对中国学生勤奋刻苦、尊重他人的精神面貌印象深刻，都对中国学生远赴异国他乡用第二语言攻读充满挑战性的高级参谋课程的勇气表示钦佩。

一次周末，让·马克特意开着自己的奔驰，带着我去乡下见了他年迈的父母亲，两位非常和蔼可亲的老人。不得不说，欧洲的乡村非常漂亮。如果说，欧洲是一幅巨大的风景画，那么，城市就是风景画的中心花园，乡村就是花园的延伸和拓展，而且比城市更亮丽、更优雅、更舒适、更具诗情画意。

让·马克说，比利时的乡村，要么在深沟峡谷，要么在阿登高原，春天一片花红，夏天一片草绿，秋天一片金黄，冬天一片雪白。在建筑形式上，独门独院独楼式别墅占绝大部分，原汁原味的老住宅虽然不多了，但大部分住宅的外形、尺度、砖木结构、尖顶斜坡和最上层的阁楼风格仍然没有改变，呈主流架构。各处乡村都还有一个共同的标志性建筑，那就是摩天接云、非常醒目的尖顶教堂。

在欧洲，新的城乡差别已基本形成。不过，这个差别与我们国家是倒过来的：近 90% 的乡村人不愿意离开乡村，而超过 50% 的城市人希望住到乡村去。欧洲乡村的发展方向并不是工业化、城镇化，那是 20 世纪中叶的老皇历，当前欧洲乡村的标准是生态化。乡村分生产区与生活区，生活区也像城市一样叫社区，而且比城市的社区更具特色。乡村社区的交通、供电、供水、供暖、给排水系统、垃圾处理系统等均由市政当局负责。

在我们搞村村硬化的时候，欧洲国家居民门前原先冷冰冰、硬邦邦的水泥路面，已被草坪、碎石沙土小径和木质的篱笆取代，蔓草湮路，天然野趣。乡村社区没有城市的烦嚣和喧闹，没有城市的拥堵和纷乱，它们处在绿色海洋的包围之中，碧水蓝天，鸟语花香，环境美，人悠闲。

如今，欧洲的农村社区已成为一种国际模式。20 世纪 90 年代以来，美国就常把欧洲农村社区的模式移植到美国城市社区的建设之中。欧洲乡村的生态化和生态农业，给城市带来更多、更丰富的肉、蛋、奶、水果、蔬菜等农副产品和发展轻工业的优质原料，农民也因此获得更丰厚的收入。而且，农民还可以享受国家向农业倾斜的许多优惠政策。20 世纪下半叶以来，欧洲发达国家农民的收入已逐渐高于城镇一般职工。他们有土地、牲畜、农机农具等生产资料，是真正的"有产阶级"，而城镇的产业工人和公司职员，虽然有的已进入"中等收入者"行列，但却属"无产阶级"。而且，越来越多的城镇高收入群体逆向流动，把别墅建在城郊农村，回归自然，怡情山水。

令人印象深刻的是，让·马克父母亲对于我送给他们的小礼物——一组京剧脸谱非常喜欢，特意摆放在客厅中的醒目位置。就这样，我和让·马克的友谊，从最开始的法文辅导，逐渐变成了一个中国军官和比利时军官的全面交流，我们的话题从中比两国的历史和现状、伊拉克战争到家庭和个人爱好。毕业前夕，他重点帮我修改毕业论文，直到现在我还时常记起这位热心的比利时同学，感谢他对我的真诚帮助和鼓励！

我的班长亨利·巴奥特

我们的班长亨利·巴奥特（Henri Badot），来皇家学院学习之前是比利时海军陆战队的一名少校军官，参加过北约的多次军事行动，这家伙个子不高，在学校时一直剃着比利时军人标准的寸头，为人热情，非常干练，说话沉稳老练，一看就有出色的组织领导能力。

外出见学

比利时人的民族特性很微妙，甚至找不到合适的词汇来描述。比利时由弗兰芒人及瓦隆人两个完全不同的民族所组成，他们有着各自的语言及文化。弗兰芒人的母语为荷兰语，荷兰语也是比利时官方语言之一，其倾向于德国人严谨的作风。瓦隆人则讲法语，多信天主教，其偏爱法式的浪漫热情。巴奥特是典型的瓦隆人性格。

学习生活平静而又有些单调。与大多数外国学员的沉默寡言不同，这位老兄可以算是我们班的几大"活宝"之一，上课的发言经常引起大家哄堂大笑。巴奥特对人很友好，平时常常主动跟外国学员打招呼，甚至在洗手间里遇见时都会习惯性问候一下。

巴奥特人缘好，大家都愿意与他打交道。时间一长，与比利时军官一起经历的事情越多，对他们内心深处的品质就会感受越深。我发现，学员和老师之间的人际关系非常简单，对于长官或者教授，只需要称呼他为"Meuseur"（先生）表示你对他的尊敬即可，对于朝夕相处的指导教官，我们称为班主任，有的时候甚至可以直接称呼他的名字，这样从另一方面还显示出与他的关系更加亲近、友好。学员只要把精力投入学习中好好完成学业即可。指导教官有时为了了解学员的情况或者增强班级的团队意识，也会找某种机会与全班同学外出就餐以及组织或参加小型家庭宴会。但是，所有的活动中，身为领导的班主任总会在就餐结束前和同学们一样掏出自己的信用卡与大家实行 AA 制，分担本来就不太多的就餐费用。

事实上，比利时人非常重视人们相处之中的礼节和礼仪，而且很注意这种感情的表达。比如，即便是参加一次小型的家庭聚会，他们也会在回家之后不怕麻烦地写一张感谢卡邮寄给主人，当然方便时也会当面交给主人，这种小小的举动显示了比利时军官们在朋友情谊方面的细致。

令我至今难以忘怀的有两件事，一件是，当我由上尉晋升为少校军衔，佩戴新军衔一走进教室，细心的巴奥特马上就察觉出来。在当天上午第一节课上课前，他特意在全班面前郑重进行宣布，并代表全班同学向我表示祝贺，大家致以热烈的掌声。事后，我才得知，少校军官在比利时已属于高级军官了。另一件是，当他得知我的女儿出生、我升级做父亲时，又一次在全班面前兴奋地宣布："长做爸爸啦，大家表示祝贺！"并带头热烈地鼓起掌来。之后他又亲自买来一张精美的贺卡，发动大家在贺卡上签名给我留作纪念，同时在班费中拿出部分礼金，特意交代我回国时务必代表同学们买一份礼物，送给未曾谋面的小 Ting Ting（我女儿的小名）。

外出见学

在比利时军官的

众多道德品质中，我比较欣赏他们的诚实、正直、勇敢、勤奋等优良品德。特别是在临近毕业前，军官们的表现让我对这些平日里嬉笑打闹、无所顾忌的"哥们儿"多了几分敬佩。对于比利时军官来说，在毕业前他们的一项重要工作就是毕业分配，同学们被分配到天南海北，国防部、军事院校、部队以及海外执行任务等。命令下达后，我发现他们都能愉快地接受上级的命令，在他们看来，一切都是应该的，他们的责任就是去执行命令。从另一方面来理解，比利时军队的军官轮流任职制度已经让他们养成了一种观念：军人四海为家，联合作战对他们同时也意味着四海作战，因此在哪里任职都是军人的天职。

与巴奥特聊天我了解到，对主管军官分配工作的军队人力资源部门来说，关于军官分配的，他们是充分考虑军官的任职申请与部队的任职需求后做出最后决定的。通常军官毕业分配的调查表格都会让军官填写两到三个自己愿意的任职地点和任职岗位，组织将会以人为本地根据志愿分配任职岗位。只有在组织特别需要的时候，军官分配才可能遇到与志愿不同的巨大变化。好在一个中级军官及其家庭早已适应这种举家搬迁、走南闯北的日子，这一点从刚入学时每一家相当快速、敏捷的安家行动中就能反映出来。太太们很快适应了新环境，生活迅速步入正轨，孩子们更是习惯地快速结交了新的朋友，充分体现出久经这种搬家锻炼后所具备的高素质。

毕业前一天，巴奥特送给我一把瑞士小刀作为留念。非常可惜的是，当时我的行李已经打包托运，小刀只能随身携带，在机场过安检时，被机场没收了。在我回国后不久，元旦来临的前夕，巴奥特给我发来了热情洋溢的新年祝福，并附上一张他和夫人、儿子在雪地里玩耍时合影的全家福照片……

非洲同学"阿南"

阿南，法语名为 Annan，与时任联合国秘书长科菲·安南同名，私下场合我习惯称呼他"阿南"。他当年 38 岁，憨厚、敦实，嘴角上留有一撮黑长的胡须，在宿舍里习惯光着上身，看上去是个老实巴交的人。

"阿南"为人友善，对中国经济的高速发展羡慕不已，因宿舍挨在一起，我们也成了非常要好的朋友。一次与他聊天，我问他最小的小孩几岁了，"阿南"竟吞吞吐吐答不出来。我忍不住笑了，自己的孩子怎会不知道岁数呢？这时，"阿南"才慢慢地给我叙说起他家庭的一些情况。

他有 3 个妻子，共生了 12 个孩子，其中 7 女 5 男，最大的 20 岁，已经工作了，还有一个正在上学，其余的全在家里玩。由于孩子多，家庭负担重，别说是孩子的岁数搞不准，就是孩子们的名字有时候也会喊错。

我慢慢了解到，在一些非洲国家，一夫多妻是相当普遍的社会现象。男人若有钱，多娶几位没关系，只要你能养活得起。

在加纳时我听说过，一位名叫乔治的父亲，一共娶了 35 位妻子，生了 97 个孩子。由于孩子多，老了搞不清孩子的名字和年龄，孩子之间也常常弄不清相互关系，闹出了不少笑话。

与非洲同学在一起

后来，我又问"阿南"："你就靠工资养活老婆孩子？""阿南"像有准备似的回答："是的，全部靠军队发给的工资，赚得虽然不多，但生活还勉强过得去。"朋友告诉我，

"阿南"的生活水准已经蛮不错了，像他这样的家庭，在加蓬算得上是中等偏上水平了。

在第一学期结束后，"阿南"综合成绩亮起了红灯，被评定为"不及格"，主要原因是

与同学在校园内

上课发言不积极，还有就是有时着装不符合学院规定。对于这一点，在我到校的第一天，驻比利时大使馆武官处同志特意向我强调了。在着装方面，学院有严格的要求，比如，所有教官与学员不得在学院内穿着牛仔服。这条规定被明确写在比利时驻华大使馆转交给我的招生简章里，当时我觉得比利时军队真是有点小题大做，不可理喻。但是，进入皇家高级国防学院一个月后，我从心底里觉得这样的提醒是很必要的，因为在这里学员只有两种形象，要么是威武庄严的军人，要么就是仪表堂堂的绅士。

学院明确规定，不同的时间、地点及活动必须按照不同的规定着装，比如，上午在室内上课一律着常规军服，下午室外训练一律着作训服，运动时间则是清一色的运动装，而晚餐则是笔挺的西装，学员一天之内至少要更换两至三次服装。苛刻的是，并不是只要按规定穿对服装的种类你就过关，更重要的是，穿在身上的衣服，包括衬衣等必须熨烫得整洁，仿佛穿新衣一般。因此，"熨斗"就像是武器装备一样人手一把配备给每一位学员，对于没有在国内养成熨衣习惯的外国军官来说，如何把衣服熨烫得服服帖帖、平整如新就成了开学必修的主要课程之一。

在着装方面，每天必做的还有擦皮鞋，不论是教官还是学员，擦皮鞋

都是他们的日常工作，有时候看到他们擦皮鞋时的那种专注和一丝不苟，甚至会产生怀疑，擦皮鞋到底是他们的工作还是他们的爱好？没办法，入乡随俗，外国军官也开始与比利时军官进行擦皮鞋的比赛，因为谁都知道，穿在脚上的这双皮鞋的光亮程度不仅反映的是你擦鞋的水平，油光锃亮的皮鞋更像是一面镜子，映照出一名军官的基本素质。

表面上看，皇家高级国防学院对学员的要求似乎有些刻板，甚至近乎吹毛求疵，但是，很多这样的小事确实能带来一系列的良性反应。比如，无论是穿着威武帅气的军装还是穿着儒雅笔挺的西装，你肯定不会在走路时与同行的人勾肩搭背，也不会在站立时出现把手插在衣兜里的不雅举止。可以说，皇家高级国防学院的纪律在学员的日常管理工作中发挥了重要作用，但是最为直接有效的是，即使没有纪律的约束，学员身上一丝不苟的着装也会时刻提醒着自己的身份是什么，任何不应该做的举动都会使自己从心里感到不自然。学院"小题大做"般地严肃对待"军人风纪"这类"小事"，把"军人"的烙印深深刻在每个学员的脑海里，这对从普通老百姓向军人转变是非常重要的。可以说，这些看似不起眼的小规定在不知不觉中就养成了一个军人在军人风纪方面遵章守纪的自觉性。

时至今日，我时常想起"阿南"，想起"阿南"的大家庭，脑海里经常会浮现出威武庄严的军人或仪表堂堂的绅士"阿南"形象，您在加蓬国内生活得还好吗，我亲爱的兄弟？

十

祖国和我

在比利时军医家过新年

自己做梦也没有想到，留学期间会在一个"老外"家过新年，这一特别经历至今仍令我十分感动，回味无穷。

因圣诞节是在保罗的母亲家过的，我和保罗也算是老朋友了。30日一大早，保罗打来电话，告诉我晚上在他们乡下别墅住宿，下午3时左右他开车来学院接我，叮嘱我随身携带洗漱用品。据我所知，与国内类似，西方人一般不邀请客人去家中做客，除非是家里亲人或尊贵的客人。

下午，保罗驾车准时来到学院接我，我们驱车大约一小时就来到了位于布鲁塞尔南郊保罗的家中。我们的车接近别墅时，别墅的大门就开了，保罗夫人安妮（Anne）携4个小孩在台阶前迎候，还有一条大狼狗，正在摇头摆尾地满地跑，仿佛也在欢迎远道而来的中国客人……一进门，保罗夫人就给我热情地一一介绍了他们的4个小孩，分别是18岁的女儿弗洛伦斯（Florence）、15岁的儿子克莱尔（Claire）、

保罗家别墅

保罗全家合影

12岁的女儿让·丹尼尔（Jean-Daniel）和10岁的儿子皮尔（Pière）。

　　饭前，我们在客厅里就座，我和保罗边喝开胃酒边聊天，弗洛伦斯为我们弹奏了一曲钢琴，气氛显得温馨而美好。这里给我的第一个印象是，一个典型的法国乡村客厅，陈设十分简朴，除沙发、书柜等生活必需品外，橱柜里摆放的许多家庭照片特别引人注目，有全家福、有孩子们各个年龄段的，还有出去旅游时的照片，一张张都是笑容可掬，充满着幸福和甜蜜……客厅对面是一间长方形的餐厅，中心位置被一张长条餐桌所占据。餐桌的桌面是一整块很厚的木板，餐厅墙壁上挂着几幅风光照片，还有保罗夫人安妮骑着马比赛时英姿飒爽的照片，后来才了解，保罗夫人在当地的骑马比赛中，还取得过不错的成绩，获得女子比赛的季军呢。晚宴前，我们一起拍照留念，保罗全家的每个成员包括小女孩都给我送了新年礼物，其中按比利时的传统，有象征丰收吉祥的面包，有保罗妹妹录制的音乐光碟和亲手制作的巧克力。礼尚往来，我则把从国内带来的代表桂林美丽山水的各种小纪念品，赠送给了热情好客的保罗家人。

"比利时人宁愿不要政府，也不能没有巧克力。"保罗如此形容自己不关心政治的同胞们。保罗介绍，他妹妹拥有自己的巧克力工坊，在那里，可以品尝到各种含有奇怪馅料的巧克力，比如绿茶馅、肉豆蔻馅、紫苏馅和茴香馅。

很少有比利时人家里没有巧克力，这并不是说比利时人每天都大吃 75 欧元/公斤的高级巧克力。实际上，价格实惠的巧克力更能满足他们的这一嗜好。保罗介绍说，比利时的中等巧克力实际上比其他国家的高级巧克力还要好，在超市里就可以买到王室钟爱的吉利莲（Guylian）或克特多金象（Cote-dor）巧克力，以甜美巧克力为伴的生活毫无疑问美妙极了。保罗和大多数人一样有自己偏爱的巧克力品牌，他很喜欢 Leonidas（列奥尼达斯）糖果。"如果能在国外买到一盒，不论是在莫斯科、新加坡还是纽约，都是让我倍感幸福的事。如果作为礼物送给友人，我肯定首选比利时手工巧克力。"

家庭式巧克力手工作坊，生产和销售的铺面之间仅一墙之隔，客户可以活动的空间很有限。但是在比利时，像保罗妹妹家这样的家庭式手工作坊有超过 2 000 家，这足以说明这类小型工坊的产品在比利时拥有着稳定的市场。当然，比利时巧克力能享誉世界自然离不开大制造商，譬如歌帝梵（Godiva）、诺豪斯（Neubans）和列奥尼达斯（Leonidas）的影响。

可能很多人疑惑，

保罗女儿弗洛伦斯

为什么巧克力能在比利时形成如此大规模的产业，而不是在其他国家，比如瑞士呢？毕竟瑞士卡夫公司生产的三角巧克力 Toblerone 同样享誉全球。后来我了解到，巧克力的制作起源很早，瑞士虽然是工业化生产优质巧克力的大国，却不像比利时的手工巧克力技师那样拥有充满激情的想象和反复试验的热情。好的巧克力如同比利时人的性格，奇妙地融合了甜蜜与苦涩，保守与创新。天才的巧克力技师都来自比利时的弗兰德省和瓦隆区，他们的巧克力年产总量达到 17.2 万吨，在布鲁塞尔，每 2 000 个人里就有1 位巧克力技师。

保罗介绍，她妹妹已经将自己的巧克力卖到了全球各地，包括日本和阿联酋。如今有不少国家都能制作出高品质的巧克力，比如法国、意大利和德国等，但是很难找到如比利时巧克力一样高品质、低售价的巧克力了。

20 世纪 80 年代起，比利时巧克力开始在全球风靡，该国的糖果制造业也得到了极大的发展。很快，在很多人的心中，"比利时"和"巧克力"就被画上了等号，如同瑞士和银行、钟表之间的联系一样自然而稳固。比利时巧克力在国外大放光彩，在一定程度上，也让比利时人认识到了自己的民族优势。

世界上所有热爱巧克力的人们都会怀念自己儿时吃到的甜食品种。考虑到其他地区对巧克力的称呼不同，比利时人有时会用单词"糖果"来代替"巧克力"。每年到比利时旅游的游客有近 800 万人次，这些游客都会买巧克力做手信，回国后还会大加赞美比利时巧克力的美味。游客们大多在布鲁塞尔大广场参观过著名的"撒尿小孩"雕像和其他名胜古迹后，就到附近的大型专营店里购买巧克力。在那些装饰华美的商铺里，可以看到液体巧克力喷泉，那里售卖的巧克力绝对是巧克力中的上品。

正当大家意犹未尽聊起关于比利时巧克力时，6 时左右，保罗夫人安

保罗与家人合影

妮从厨房走出来，大声宣布："Mesdames et messieurs，tout est prêt！"（女士们、先生们，一切准备就绪！）进入餐厅后，我被安排坐在保罗和他夫人安妮中间，孩子们围坐周围，餐桌上，每人面前都有三只杯子，根据个人爱好，是准备倒红葡萄酒或白葡萄酒的。由于第一道菜是鹅肝、蔬菜，所以喝的是索泰纳。索泰纳是地名，位于法国波尔多市东南地区，生产一种略带甜味的白葡萄酒，价格较高，专用于与鹅肝酱或配菜甜梨搭配，口感很好。法国的酒都以产地命名，但对外国人来说，要一看就知道是什么葡萄种，在什么样的气候和土壤条件下生长，配制的葡萄酒属于什么等级，可是一门大学问。第二道热菜是仔鸡、烤土豆等，大家都要了红葡萄酒。

接下来是西方人引以为豪的奶酪，桌上的一个大盘子里摆着各式奶酪，让人不知道选哪种好。其中有一种略带绿色霉点，名叫罗克福尔的奶酪，非常有名。保罗极力给我推荐，我尝了一小块，果然名不虚传，味道好极了。就餐的过程中，我们聊了中国过春节的习俗、中餐与西餐的区别等，气氛非常融洽。

保罗家马圈

虽然是在普通的比利时家庭就餐，但和在正规饭店里相似，一道又一道造型独特的比利时菜，令人垂涎欲滴、赏心悦目。让我觉得不仅是在吃饭，更像是在感受一次文化底蕴深厚的沐浴。这何尝不是一种享受，一种陶醉呢！当然，最后果盘中等待已久的苹果、橙子，闪着亮晶晶的光泽欢迎客人品尝。我知道，这是保罗全家为我的到来而精心准备的晚宴。

这次拜访使我深切感受到一个比利时家庭的温暖，虽然中比两国文化风俗存在众多差异，但淳朴的民情民风却是中比两国人民之间共同跳动的音符！临近新年钟声敲响的时刻，保罗执意要把手机递给我，让我打电话向远在天边的亲人问好，祝福新年！保罗先生的细心周到，时至今日，还是令我深深地感动，感到一股暖意永藏心间……

这是一个多么令人难忘的元旦佳节啊！异国朋友的热情接待，再次让我感受到祖国的强大、荣耀与诚信。我知道如果没有这些，自己是不会受到这么高的礼遇的。

瞻仰百年华工墓

新年的第一天，保罗又驱车带我前往参观第一次世界大战比利时的一个旧址伊普尔（Ieper），凭吊了长眠在那里的华工。有趣的是，出发前，按照传统风俗，保罗特意到家中马圈前，像煞有介事地向这些生灵道一声："Bonne Anne（新年快乐）！"

从保罗家开车一个多小时就可到达伊普尔小镇。伊普尔，位于比利时西部的西弗兰德省，毗邻法国，是当地的交通枢纽，也曾经是英、法、比三国对抗德国的重要战场。保罗告诉我，当年奔赴欧洲的华工中，有1万多人被派到这里及周边城市，被部署在伊普尔的营地，承担清理战场和重建城市的任务。他说，在"一战"前，世界上没人知道这里，"一战"把这里变成了战场，伊普尔才开始为外人所知。伊普尔小镇当时仅有几千居民，而成千上万的华工被火车一批批运来这里，可以想见，当地人是多么惊奇！

保罗带着我来到曾掩埋过华工的一座公墓，旷野、凄风、杂草，眼前这一大片白色冰冷的墓碑，一下把我拉回到百年前的时空。在"一战"中，飞机、坦克、毒气、远程大炮等各种新式武器首次投入战争，初到欧洲的华工，从农业文明一脚跨入工业文明，尚未醒过神来，就被送上战场。他们修铁路、清运伤员和阵亡士兵，有时还要执行勘测雷区等危险繁重的任务。1917年11月，德军空袭比利时，华工第五十二队中，有13人遇难。保罗说："13名华工所住的帐篷被一枚炮弹击中，全部身亡。"

保罗告诉找，每年都有来自法国、荷兰和英国的游客，专程来这里看关于"一战"的展览，每次都

伊普尔华工墓

华工墓

会提到华工。他沉痛地说："华工是我们'一战'和当时欧洲历史的重要部分，他们不远万里来到这里，帮我们重建家园，我们对参与'一战'的华工心怀感激。"

不难体会此刻保罗的心情，的确，"一战"期间，中国输出了逾14万名劳工，其中多来自山东省，他们被英、法两国招募至欧洲战场，进行后方的军备生产，挖战壕、造武器、运物资、排地雷，牺牲了2万人，失踪了1万人，付出了惨重的代价。尤为可悲的是，被掩埋在欧洲大陆的他们，孤零零地分散在数百处墓园中，英雄无名，而家人亦不知他们葬于何处。墓碑上刻着的汉字"鞠躬尽瘁""勇往直前"等字样，被占据绝大多数的英文字母所淹没，而他们作为一个群体也被世人所遗忘。

关于华工赴欧的这段历史往事，国内不少文章都有记述，但大多数强调华工的悲惨处境以及英法对他们的残忍虐待。实际上，华工赴欧的壮举绝非只为养家糊口或充当炮灰，他们在战争中的献身精神及其所做贡献，值得我们后辈追忆、颂扬和深思。

1914年8月"一战"爆发，这是一场帝国主义两大阵营（协约国与同盟国）之间非正义的殖民掠夺战争。按说战场在欧洲大陆，不关中国人的事，但中国的北洋政府从战事一开始，就表现出参战的积极性和热情，甚至于向英法政府表态欲派50万中国军队到欧洲助战。协约国出于各自利益考虑，一度阻止中国派兵出战，但又希望中国可助一臂之力，最终在1916

年 8 月出现了从中国招募华工赴欧协助英法抗德的历史性一幕。北洋政府当时为什么要介入这场欧洲大战？今天该怎样理解百年前中国政府作出的外交决策？

1894 年中日甲午战争爆发，曾以引进德国炮艇为傲的北洋水师几乎全军覆没，闭关锁国、不思进取的大清帝国被明治维新、脱亚入欧的日本帝国打败。1900 年八国联军入侵北京，肆意践踏中国主权、毁灭中华文明、强迫割地赔款再度激起国人愤慨，唤醒振兴中华的良知。在"一战"爆发前的 20 年里，大批仁人志士从思想上意识到腐朽没落的封建专制政体给中华民族带来了灾难，感悟到"穷则思变、变则通"的革命道理，决心向西方学习、变革维新、救国救民。正是在大动荡的年代，中国的政治精英和知识精英们，成为推动中国社会变革的强大政治动力。在这 20 年里，中国经历了戊戌变法的失败，也迎来了推翻帝制、建立民国的曙光；中国不仅经历了从农历到公历、从马褂长袍到西装革履的转变，更经历了一场深刻的、吐故纳新的思想革命。一大批社会精英主动走出国门，到欧美国家去留学，去寻求真理和救国之道，他们立志要让在 1912 年创立共和制的中国主动融入西方社会，在参与国际事务中赢得西方列强的尊重和自己的话语权。这些因素正是北洋政府介入"一战"的历史大背景。

"一战"的爆发也助推了中国日益觉醒的、参与国际化军事行动的民族主义，并且给了北洋政府一个千载难逢的外交良机。当时的政治精英梁士诒、顾维钧等人力主政府出兵参战，他们深入研究了战争对世界格局和中国命运的影响，强调参战可以使英、法等西方列强重视中国的存在，真正促使中国加入西方主导的世界体系。而一旦协约国获胜，中国也将以战胜国身份收回战败国德国等在华获得的治外法权及租界特权。

为此，他们推动北洋政府在 1914 年夏、秋及 1915 年三度向英、法政府表态，希望参加协约国抗击德国及奥匈帝国的战争。然而，事情并不像他们想象的那么简单，中国政府的表态遭到日本的再三反对。日本外相声称"中国非交战国，无列席战后和平会议之资格"；英国政府最初也表示不想让中国成为协约国一员。从表面上看，仿佛日本和英国都只是不愿带中国玩。实则不然，他们不带中国玩的真正原因是，不愿意看到一个"东亚病夫"通过参战提升国际地位，进而威胁到他们在华获得的巨大不平等特权。日本更是在战时趁火打劫，攫取了德国在山东半岛和青岛原有的管辖特权等权益。

时至 1916 年夏，随着欧洲战事的升级，特别是交战双方期待毕其功于一役的索姆河战役的打响，英法政府开始转变态度，希望中国政府给予帮助。但由于老牌殖民帝国的心态作祟，它们要求中国采取变通之道，派遣大批劳工赴欧洲协助协约国，主要从事战勤及后方保障工作。面对英法态度的转变，梁士诒早就为北洋政府谋划了一个"以工代兵"的良方。在今天看来，这个方略堪称百年前中国精英智囊的一大外交战略，也是中国政府谋求国家利益的一个外交创新。梁士诒"以工代兵"方略既能让协约国接受，又暗含大智慧。他指出："中国财力兵备，不足以遣兵赴欧，如以工代兵，则中国可省海陆运输饷械之巨

华工在欧洲战场

额费用。而参战工人，反得列国所给工资，中国政府不费分文，可获战胜后之种种权利。"虽然他的设想有些理想化色彩，如中国政府在战后可享有与英法列强同等之权利，但从实践过程来看，以工代兵的谋略在当时不失为中国外交的最佳选择。正是在这一指导思想下，中国 15 万劳工奔赴西欧战场，还有约 5 万劳工在东线战场协助俄国，在"一战"史上写下了华工光彩照人的一页。

2018 年是"一战"结束 100 周年纪念，当年"华工军团"的后裔们曾先后来到先辈曾经奋战过的欧洲，与当地官员、军人、民众、华人华侨一起拜谒华工墓地，纪念那一段值得铭刻的历史，告慰那些文明的使者、无畏的勇士，为他们伟大的功绩正名，国内外媒体也积极评价欧战华工军团的历史功绩：其一，华工赴欧参战，既充当了北洋政府寻求国家利益最大化的载体，又为中国后来参战创造了条件，进而为战后中国参加巴黎和会提供了良机。其二，华工成为百年前中国的政治精英们实现国际化战略以及国家认同理念的重要环节。华工在参战之余，接触到欧洲先进的文明及科学技术，也受到西方自由民主法制思想的熏陶，他们开始自珍自爱、关注祖国的前途命运。回国后他们成为西学及实业知识的宣传者，有的还转变成坚定的无产阶级革命者。其三，华工爱国自强、勇于献身的情操，在很大程度上鼓舞了后来中国留法勤工俭学的知识精英们，他们中的杰出代表周恩来、邓小平，均在留法期间确立了自己为之奋斗终生的革命理想。1919 年中国爆发的五四运动以及 20 世纪 20 年代初中国兴起的新式工人运动，皆同"一战"赴欧华工有密切的关联性。

保罗告诉我，他的祖父曾是华工军团里的一名比利时军官。英国、法国、比利时的军队指挥官非常赞赏华工，说他们的效率是外国劳动者里最高的，能吃苦、不闹事，所以军队非常欢迎他们。战时特殊时期，华工们要避开敌军鱼雷和空袭，通过不同路线分批前往欧洲，他们有的从中国登船向东，经过加拿大横穿大西洋，还有的取道巴拿马运河，或者向西经过苏伊士运河，绕道好望角，最后抵达法国马赛。再从马赛下船，乘火车被送到欧洲各处。由于路途遥远，很多华工在途中就不幸遇难。据记载，1917年2月，载有华工的"阿索斯"号轮船遇鱼雷沉没，543名华工遇难。当时的报纸只公布了获救人数，但是对伤亡人数却缄口不言。据不完全统计，牺牲和下落不明的华工接近2万人。幸免于难的华工们大部分于1920年返回中国。

在返回保罗家的路上，他说的一句话我非常赞同，"我们可以把华工视为我们共同的祖先，我们今天去寻找他们曾走过的路途时，就好像走上一条'寻根'之路"。目前，法国、比利时多地竖起了华工雕像，纪念华工成为西方反思"一战"的一部分；国内关于华工的研究和纪念活动也逐渐增多起来。以往华工军团后裔们的纪念仅限于家族内部，西方的认可、国内的关注，是对"一战"华工日渐觉醒的尊重，是一份迟到的纪念。回望华工来欧洲的艰辛路，更警醒着我们要珍惜来之不易的今天。

在域外感受祖国的变化

我从桂林到法国学习之前，北京的朋友讲了一个笑话。他说，有一年他去斯洛伐克旅游，国家虽然很穷，但老百姓对国家独立10年来的变化很是骄傲。而在他们眼里，中国还是很贫穷落后的。一次，一位斯洛伐克人拉着一位中国游客，指着布拉迪斯拉发市内一幢20层高的建筑骄傲地问："你们中国有这么高的楼吗？"

听了故事，哈哈大笑之余，觉得可能还是演绎的成分居多。因为总觉得即使是在东欧，那里的百姓也不至于就这么没有见识吧。但后来我自己也遇到了一个类似的故事，那是在西欧的另一个小国。有一次和一位专做中国旅游的当地朋友聊起了天，原来他的旅行社主要是组织自己国家的人到中国旅游，这两年也开始从中国组团到欧洲来。几次下来，他对做中国人的生意越来越有信心，因为他们认为中国人正在富裕起来，到欧洲旅游的人越来越多，已经成为欧洲旅游市场的一个重要的客户群。没想到，他却在自己的国家碰到了麻烦，那就是他的国家给中国人签证非常困难，拒签不算，即使给往往也要等两个月，很多生意就这样等没了。

他曾为此专门和自己国家驻北京的签证官谈过，表示应该简化签证手续，便利中国旅游者入境旅游。尤其是现在德国人已经意识到这一点，在吸引中国旅游者和简化签证手续方面给予了很大的方便，并在欧洲国家中第一个成功地争取到了中国公民旅游目的地国地位。但这位签证官却认为根本没有必要，因为到他们国家的中国人入境后都到中餐馆睡地铺，也不购物、不到餐馆吃饭，自己国家"什么好处也得不到"。他听了以后感到非常的痛心，说自己的这位同胞还是以 20 年前的眼光看中国，眼睁睁地放掉了一大群客户。

其实也用不着追溯到 20 年前。我初到比利时学习的时候，每次经过市中心大广场的海鲜街，都会被店主们当作日本人，用热情的日语招揽着生意。回国之前，仅仅两年过去，也是在不知不觉中，再去海鲜街，却发现店主们已经开始用"你好""请进"来招呼那些亚洲面孔了。

这种变化不仅仅发生在布鲁塞尔市中心，也同样发生在郊外的滑铁卢古战场。我去那里参观，购买登山门票时，售票员总要问你是从哪里来的，心中顿生奇怪，忍不住就多问了一句，对方回答说是在统计游客的国家分布，好准备不同语言的翻译和介绍材料。并热情地说现在中国游客越来越多，他们正在准备中文材料。

在欧洲学习的两年中，我无时无刻不感受着祖国的巨大变化。所到欧洲各国，首先给人的直觉是，到处是中国餐馆、中国留学生、中国旅游团，在商店购物稍不留神就会买到"中国制造"（made in China）的商品。在我临回国前，妻子打来越洋电话说："作为爸爸，你一定要给尚未谋面的女儿买一件见面礼。"当然这事在我心中一直不敢怠慢。回国前半个月，我跑了好几家商店精心挑选，反复比较，发现有一个芭比娃娃很漂亮，左看右看爱不释手，买了它以后，在返回学院的地铁里，无意中翻看商品的产地，好家伙，出口转内销——中国制造。回国后，此事多次被妻子当作笑柄，理由是同样的芭比娃娃在国内买价钱要便宜一大半。

我在法国留学的那年春节对于海外的华人来讲有着特别的意义，这一年在世界的很多国家，中国春节的气氛显得格外的浓厚。在法国，时任右翼总统希拉克和左翼社会党的巴黎市市长得拉诺克就专门为庆祝中国的春节分别在巴黎举办了华人华侨招待会。而在巴黎和法国外省的其他 6 个大城市，法国老佛爷商场同时举办了"中国月"活动。听法国武官处的一位朋友说，他的一位俄罗斯朋友曾跟他聊起了这次活动，称赞道："你们做成了我们即使在苏联时期也没能做成的事，这主要还是因为你们的经济发展了，欧洲越来越重视你们的市场了。"

按教学计划安排，我所在的高级参谋班，在学院院长欧文少将的带领下，包括学院领导、教员、比利时有关外交实习官等，组成一个约 70 人的庞大军事代表团，分两次分别对俄罗斯首都莫斯科和南非、安哥拉、贝宁、加蓬等非洲四国进行访问，对此我感触颇深。访问中，通过与俄军、俄罗斯社会各阶层人员接触，我耳闻目睹了苏联解体后俄罗斯经济的萧条和军队建设的衰弱，我发现，无论是俄罗斯官兵，还是莫斯科市民，都对现实不太满意，普遍存在自卑和怨恨的情绪。在真实见闻的对比中，我深切地感受到，我国之所以繁荣昌盛，我军之所以日益强大，靠的是党的坚强领导。

所到非洲各国，听说有来自中国的朋友，都对我表现出异常的热情。在安哥拉，国家电视台记者对我进行了专访，特别是在贝宁，我们在大家所称

贝宁国防部长依得汉苏

当地"最漂亮、最具现代化气息"的国际会展中心听讲座时，我的同班同学贝宁籍学员安南中校自豪地告诉我，这会展中心是中国帮助设计和建筑的。国防部部长依得汉苏先生是该国唯一的将军，在我国国防大学学习过一年，因此对中国感情深厚，在招待宴会上，他特意用"欢迎来自远方中国的朋友""你好吗？"来向我表示问好。惹得不少同学羡慕，有比利时同学跟我开玩笑说："为什么他对你那么好？"我想，中非友谊源远流长，得益于几代人的不懈努力，得益于祖国的繁荣昌盛，得益于每次在国际舞台上中国正义的呼声，此时我深切地感受到作为一个中国人真是无比骄傲和自豪，同时也深深地激发了我刻苦学习、报效祖国的爱国热情。

欧洲媒体的挑剔是众所周知的，对中国的报道历来也是负面多于正面。但近年来也开始悄悄地发生着变化。突出的一个特点就是他们表现出复杂的心态：虽然还是对中国的政治制度充满敌意，但又不得不正视中国经济取得巨大成就的现实。

遇到越来越多称赞中国的欧洲朋友，我总是力图表现得谦虚和诚恳。我告诉他们，中国虽然这些年取得了不小的成就，但和我们实现现代化的

目标差得还很远。中国还存在很多问题，比如地区差距、贫富差距等，包括他们所说的环境问题也不同程度地存在着。中国要达到欧洲今天的发展水平还有很长的路要走。

有一次我把同样的想法讲给我所在比利时皇家高级国防学院欧文少将听，他却以同样诚恳的语气对我说："只要中国能够保持现在这样的稳定发展，三代人的时间就足够了。一个国家的发展是呈加速度趋势的。'二战'刚刚结束时，欧洲还很少有人家有汽车、电视等，但到20世纪60年代，拥有这些商品的家庭数量就急剧膨胀起来。尤其是在科学技术高度发达的今天，中国赶超的速度会更快的。"

真心希望能借欧文先生的吉言，我们伟大的祖国能够加速崛起！我们伟大的民族能够加速复兴！

十一

游学印象

走进联合国万国宫

万国宫的名字来自法文 Palais des Nations。它曾经是国联（国际联盟的简称，又称国际联合会）的总部，现在是联合国驻日内瓦办事处的所在地。它是仅次于联合国纽约总部的第二

联合国驻日内瓦办事处

大联合国机构，坐落在莱蒙湖畔，办公楼群面朝日内瓦湖，昂起头看得见阿尔卑斯山，晴朗的时候甚至看得见勃朗峰。我们来到这里，为的是更深入了解联合国宗旨、主要机构、发展成就等，其中重点参观了国际劳工组织、世界卫生组织等机构。

我们到达瑞士时，正是冰雪消融、山花初放的早春时节。瑞士地处阿尔卑斯山幽谷坏抱之中，湖泊星罗棋布，称为千湖之国。远眺，群山白雪皑皑终年不化；近观，湖水碧波粼粼深不见底；翘首，绿树漫山遍野；低头，脚下芳草无际。

瑞士全国到处是崇山峻岭，路隘林深，行路之难不亚于中国的蜀道。当年，迦太基名将汉尼拔率大军远征罗马，翻越阿尔卑斯山遭遇雪崩损失

在联合国万国宫会议厅

惨重，人员伤亡过半。拿破仑东征经过阿尔卑斯山之前曾做过充分的准备，但仍有近千名士兵葬身于冰峰雪谷之中。古罗马帝国占领了瑞士之后，深知要站稳脚跟，必须修路。当秦始皇在中国遍修驿道之时，古罗马帝国的大军也在逢山开路、遇水架桥，修筑起一条条通向罗马的大道，"条条大路通罗马"由此成为一句著名谚语。如今的瑞士，带有明显古罗马风格的断壁残垣仍然依稀可见。

坐落在日内瓦湖畔的花钟是日内瓦的象征。尽管直径只有5米，还没有昆明世博园的花钟大，但日内瓦的花钟却是世界上所有花钟的"始祖"。瑞士号称"花园之国"，同时也是"钟表之乡"，当年为了将花卉之美同钟表的制造工艺完美地呈现，瑞士的能工巧匠别出心裁地创造出了"花钟"。听说，花钟的机械结构设置在地下，地面上的钟面则完全由鲜嫩翠绿的芳草覆盖。代表12小时的阿拉伯数字时而由明媚鲜艳的花簇组成，时而又由平整的绿茵组成。无论季节如何变化，花钟都能随着不同花期的变更保持着鲜艳和芳香。花钟的时针与分针和普通钟表相同，无论是在阳光下还是在风雨里，时针和分针都任劳任怨一刻不停地在钟面上自行准确移动。让人在观赏花钟的新颖设计时，也情不自禁地要对一对自己的手表。

在日内瓦，各国的常驻机构有 150 多个，最重要的联合国机构有：贸易和发展会议、难民事务公署、国际劳工组织、世界卫生组织、国际电信联盟、世界气象组织、世界知识产权组织、关税及贸易总协定。几乎每天都要在这里举行十几个国际会议，编制 1 万多人，办公地点在日内瓦的万国宫。

万国宫位于日内瓦的东北角，是座宏伟而辉煌的建筑群，主要由中央大会厅、理事会厅、国际会议中心和图书馆组成，占地面积达 4 万平方米。大会厅共 6 层，有 1 800 多个座位，每个代表团有 8 个席位，可供 120 个代表团使用；另外，有可容纳 800 人的旁听席、记者席、翻译席，有些重要的国际会议就在这里举行。它的前身是日内瓦勒维利奥家族的庭院，这个家族的最后一个继承人古斯塔夫，在 1890 年将这座以他的母亲阿丽瓦娜名字命名的庭院送给日内瓦市政府。其遗嘱规定了赠予的附加条件，如联合国不许搬迁园内勒维利奥家族的墓，原本在园里散养的孔雀依旧可以在园里自由漫步等。

1945 年反法西斯战争胜利后的第一个秋天，联合国诞生了，万国宫（阿丽瓦娜庭院）就作为联合国在欧洲的总部。20 世纪 60 年代后，日益频繁的国际会议使万国宫显得拥挤和狭窄，于是联合国拨款，在 1968 年至 1973 年，对万国宫进行了大规模的扩建。扩建后的新楼，

联合国驻日内瓦办事处

巨型断腿椅子

用一条空中走廊与阿丽瓦娜庭院连接起来，形成一个和谐的整体。建成比国联大厦大几倍的高层大楼，有 50 个出入口，周围花木扶疏，孔雀悠闲地徜徉在大会厅前面的广场上。有一个模拟地球的大钢球不停地旋转，非常吸引人，这是 20 年代国联时期的遗物。

刚到万国宫门前广场，一把 12 米高的巨型断腿椅子让人望而生畏。据说这是 1997 年国际残联为了纪念《地雷议定书》的生效，更为了引起世人对地雷带给平民伤害的重视而特别制作的纪念性雕塑。远远望去，被"地雷炸折"了的断腿椅子，在阳光的照射下显得异常刺眼。断裂的部分被"硝烟"熏成了黑色，却顽强地屹立在空空荡荡的万国宫门前广场。听说，设计师之所以将椅子设计成三条腿的形象，并特意将其安置在万国宫的正门对面，就是为了让因触雷而失去肢体的"民众"唤醒和平，表达社会团体、民众与国际组织平等对话的含义。尽管长椅被炸断了一条腿，但它仍然顽强地、有尊严地站立着！站在断腿椅子的面前，我久久无语，但却明白了和平和生命的意义！

进入万国宫，站在主楼顶上，日内瓦的秀丽风光尽收眼底，绿茵草地尽头是苍翠的动物园，平缓的山坡上风格各异的别墅星星点点，远处的阿尔卑斯山起伏连绵。一座白雪皑皑的山峰正对着万国宫，那就是欧洲的最高峰——勃朗峰。万国宫也是一座大的园林，园中参天合抱的百年古松翠柏浓荫蔽日，叶密枝疏的常绿灌木郁郁葱葱，丝绒般的草坪伸展至远处山坡，平静清澈的日内瓦湖上荡漾着扁舟，湖鸥不时地掠过湖面，这真是诗情画意般的优美景色。万国宫的主体建筑采用的是乳白色石料，在古树、绿草和百花丛中，庄严宏伟，富丽堂皇。宫内宽敞明亮，装饰精美。凭窗向外望去，是枝繁叶茂的参天巨树，一望

万国宫门前广场

无际的茵茵绿草，还有掩映在花丛之中的雕塑，很像昔日欧洲帝王的行宫。几只孔雀终年在大楼前的草坪上徜徉，苍松翠柏之间静静地安眠着这座庄园的主人勒维利奥。据说万国宫占地面积达 18 000 多平方米，建筑面积比法国的凡尔赛宫还要大。

　　万国宫内有世界各国政府赠送的礼品，其中有一幅是北京天坛挂毯。在来自世界各国琳琅满目且令人赞叹不已的赠品中，这条挂毯最具魅力，因为无论你站在什么角度看它，天坛祈年殿的正门永远对着你。每当导游把这个奥秘告诉前来参观的游人之后，就会看到游客们兴致勃勃地从一个观察方位转到另一观察方位，啧啧称奇。据说，现在世界上只有屈指可数的几件艺术品具有同样奇妙的效果，如达·芬奇的名画《蒙娜丽莎》，无论你从哪一个角度看，蒙娜丽莎的眼睛永远对着你。

　　万国宫是一个国际论坛，这里既有文化上、经济上的交流，也有尖锐

的政治矛盾和正义的民族呼声。1954年4月26日至7月21日，关于朝鲜和印度支那问题的会议在日内瓦举行，中国和美、英、法、苏等国的20多位外长聚会日内瓦，讨论在上述两地区停止战争、实现和平的问题。6月下旬以后，会议转而全力解决印度支那问题。

随着日内瓦会议的进程，周恩来总理一跃而成为中心人物，所有难题都要经过他来协调、化解。这位外交巨匠折冲樽俎，一步步地在会议进程中消除威胁东南亚安全的因素。在他的引导下，日内瓦会议最后就越南停火达成了协议。周总理在万国宫发表的重要讲话，被誉为"亚洲之声"。当时，会场全体起立，爆发出长时间热烈的掌声，人们高呼"周恩来，周恩来！"，使美国陷于十分尴尬的境地。

北约，北约

北大西洋公约组织（法语OTAN：l'Organisation du Traité de l'Atlantique Nord），简称北约，是欧洲和北美国家为实现防卫协作而建立的一个国际军事集团组织。北约拥有大量核武器和常规部队，是西方的重要军事力量。这是"二战"后资本主义阵营军事上实现战略同盟的标志，是马歇尔计划在军事领域的延伸和发展，使美国得以控制以德国和法国为首的欧盟防务体系，是美国世界超级大国领导地位的标志。

北大西洋公约组织

留学期间，按照教学计划安排，我有幸随

团参观了位于比利时首都布鲁塞尔的北约总部。北约总部整洁的环境、严肃的气氛、齐全的设施和严格的保密措施给我留下了深刻印象。通过直接的观察，我对这个当今世界上最大的军事组织有了更多的了解和认识。

说起北约，很多人都曾经认为它不过是个"冷战"的产物，将会随着"冷战"的结束而退出历史的舞台。但事实上，"冷战"结束多年来，北约对国际形势的影响不但没有减弱，反而不断增强。1999年对南联盟进行狂轰滥炸，2001年的阿富汗战争，不是它在指挥，就是它在唱主角。

北约总部是一个很不起眼的建筑群，位于布鲁塞尔近郊的利奥波德二世大街，距市中心只有15分钟的路程。从市区驱车前往东北郊的国际机场，通常都要路过此地。但由于这里没有十分抢眼的标志，因此，很多人都想不到，院墙之内竟然是世界上最大军事联盟的大本营。

当我们乘车抵达北约总部门前时，有人告知我就在这里。我虽并非无知，但还是吃了一惊：当今世界上最大的军事指挥部就设在这儿？！这里竟然没有一个守门的哨兵，只有一个"看门大爷"，负责起落限制进出的横杆。往里瞧瞧，除了十几面飘荡的旗子，也没见一个兵丁，更不用说三步一岗五步一哨了。难道这就是那个指挥狂轰滥炸南联盟的最高司令部？也就是那个指使"误炸"中国驻南联盟大使馆的罪魁祸首？千真万确！感觉有时会是错觉，事实才是真实的。自从这个总部设立以来，几乎世界上所有大的战争、大的冲突，都有它的"功劳"。

北约成立于1949年4月4日，其总部原本设在法国巴黎郊区。1966年，法国总统戴高乐将军因不满"盟主"美国的霸道行为，宣布退出北约军事一体化计划，并勒令北约所有机构迁出法国。在戴高乐发出逐客令之

北约标志

后，比利时政府在半年之内将原本为一家医院设计的建筑建好，北约总部于次年 10 月迁往这里，成了新的栖身之所。因此从整体布局来看，现在位于布鲁塞尔的北约总部更像一座战时的军用医院。目前，北约总部共计为比利时提供 1 000 多个就业岗位，每年为当地经济创造数亿美元的产值。

不过，北约总部的新楼建设曾引发过一场政治风波。1993 年，比利时通过的《万国管辖权法》规定，只要有人在比利时提出上诉，比利时司法部门即可对任何严重侵犯人权的罪行进行审理，不管对方是什么身份，来自哪个国家。根据这部法律，以色列前总理沙龙、英国首相布莱尔以及美国总统布什、美国前国防部部长拉姆斯菲尔德等都在比利时被起诉过。拉姆斯菲尔德为此曾向比利时政府提出警告，如果比方不废除这一法律，美方将不向北约总部新楼提供建设资金，并威胁要将北约总部移至他国。迫于美国等国的压力，比利时于 2003 年 8 月废除了《万国管辖权法》。

当我们按照约定的时间到达时，北约总部办公室负责人斯坦中校已等在大楼首层的传达室了。入口处的安检措施非常严格，安装在地面和大门两侧的扫描仪会对汽车进行彻底的检查，连汽车底盘也被拍摄了多张照片。尽管已提前预约好，抵达时有人带领，在进入大楼时，也需要每人出示事前办好的有效证件，并进行严格登记。

进入大门后，首先映入我们眼帘的是广场旁边的草坪上矗立着的一个几米高的北约标志。广场南边的三层建筑，就是北约总部大楼。虽称不上气势宏伟，但其占地面积相当大。大楼主体采用冷色调，给人以庄严肃穆之感。北约总部建筑物的布局是四纵三横。如果忽略各主楼之间的连接，它非常像汉字"凹"。其中，凹进去的部分就是中心广场。大楼入口就在广场南侧，是一片一层的建筑，再往后是两层，接着是三层，依次递进，不断升高。整个建筑纵横连接，浑然一体。

我们在斯坦中校和另一名军士的陪同下，以 15—20 人为单位，分 3 批依次参观了北约总部大楼的各个部分，包括各军种的办公区，以及秘书长和其他领导的办公室。陪同的军士军容整齐，在参观过程中，始终面向我们，以退步行进，边走边向我们讲解。在进入每一道门时，都需要工作人员输入密码，才能够通行，进入后玻璃门随即自动关闭。中间即使有人提出要去洗手间，大楼也会派人一同前往，在参观人员进入洗手间后陪同人员仍在门外等候。在我们参观结束后离开时，又由专人送出楼。也就是说，从我们进入这栋大楼开始直到离开，大楼内陪同人员始终寸步不离。在每个军兵种办公区内，宽敞的走廊两侧都精心布置着反映本军兵种、战史的油画、照片、图表和各种实物，包括各个时期和战争中使用过的枪支、头盔等军械；著名军事人物穿过的军服，用过的手枪、望远镜、钢笔等物；著名战斗英雄、烈士的遗物。因此，我们随导游军士参观北约大楼，就是在不知不觉中受到了一次军事知识的熏陶和教育。

按照严格的管理规定，整个办公楼区域不允许拍照。北约最高权力机构，即北约理事会就在这座大楼办公，理事会下属的北约军事委员会，即北约最高军事指挥机构也设在这里。该委员会每个季度召开一次大会，负责就北约防务问题向北约理事会提出建议。北约军事委员会对合并后的北约盟军作战司令部（ACO）实施领导，全面负责北约所有军事行动的指挥与协调。北约盟军作战司令部则设在比利时蒙斯市，由美国军队的四星级军官指挥，尽管指挥机构名称有所改变，但指挥官仍继续称为北约欧洲盟军最高司令。盟军作战司令部是北约最高战略作战指挥级别，第二级别有两个联合部队总部，直接向盟军作战司令部负责，分别位于荷兰和意大利，主要用于整合多个国家（即多国联合）的陆、海、空部队（即多军种联合）。第三级别包括陆军、空军及海军部队，其中之一就是陆军的盟军快速反应部队，它们分别向各自的联合部队总部负责。总体来说，北约所有级别的作战指挥部的数量已从"冷战"时期最多的约60个减少到今天的不到12个。

整个参观过程时间约为2小时，其中包括15分钟看录像和半小时提问，这样让我们进一步增加了对北约有关情况的了解。录像介绍到，考虑到北约东扩和北约的战略调整，北约领导人在1999年华盛顿首脑会议上提出建造北约新总部的设想。此后经过北约与比利时方面的磋商，比利时政府决定在北约现总部的对面划出地皮供北约建造新总部。在2002年11月的北约布拉格首脑会议上，比利时首相伏思达和罗伯逊正式签署协议，同意提供一块土地，供北约建设新总部大楼。

新的北约大楼由比利时国际索姆公司承建，办公大楼主体全部用玻璃墙包围成透明状，呈淡蓝色，楼顶全部用大面积的无缝蓝色钢板覆盖，既像绵延起伏的波浪，又像一台折叠的织布机，好像是要把复杂多变的世界局势混合起来，并编织得更加美丽。据称它同时还象征着团结、力量和透明。整个大楼设计面积为17.2万平方米，包括办公室、会议厅和文娱设施等，目前，这座耗资10亿美元的建筑群已于2016年建成投入使用。

在提问环节，我争取了一个发言机会，提到当年北约导弹击中中国驻南斯拉夫联盟共和国大使馆事件。负责回答的一位中校军官不断重复袭击中国使馆是一个"可怕的、悲剧性的错误"，他们对此"深表遗憾"。对于这样一个预想中的外交式辞令，我心中明白，事件已经发生，与3位烈士的生命相比，辩解和道歉显得那样的苍白无力。愤怒没有用，眼泪也没有用，只有自身强大才能捍卫尊严。

值得烈士欣慰的是，近年来，我们每一个人都见证了我国综合国力的大幅跃升和国际地位的提高。多年后，中国驻南斯拉夫大使馆上空飘扬的五星红旗，也许少了一分悲壮，多了一分自豪。是的，有些事，有些人，应当被永远铭记。斯人已逝，国当自强。

到欧盟总部参加报告会

比利时首都布鲁塞尔亦是欧洲的政治首都，欧盟机构如欧盟委员会、理事会、欧洲议会大都云集于此。皇家高级国防学院有许多项目得到欧盟的赞助，很多教授都直接来自欧盟机构。作为特例，欧盟亦为该学院外国学员提供了参观见习的机会，我们全班有幸被安排到欧洲议会参观调研。

欧盟标志

欧盟总部设在比利时布鲁塞尔法律大街 200 号一座十字形的大厦内。呈"×"形的贝尔莱蒙大楼是布鲁塞尔最具象征意义的建筑物，自 1967 年落成后

欧盟旗帜

便成为当时欧共体总部的办公大楼，多年来，它一直是欧洲联合的象征之一。贝尔莱蒙大楼的产权归比利时政府所有，欧盟以租赁方式享用。一大早，学校专用大巴把我们载到了著名的欧盟总部"四角星"大楼楼下。在欧盟总部大楼外边，立着一座独特的"雕塑"——就是一块柏林墙的墙体，这是拆毁的柏林墙迁移过来的，旁边的铭文上写着"1961—1989"，这正是柏林墙存在的时间。在欧盟总部的广场上立着一块柏林墙，意义自然不言而喻。大楼另一面的广场上立着一排旗杆，上面飘扬着蓝色的欧盟旗。广场上还立着一块大石头，上面刻着罗伯特·舒曼的名字。

罗伯特·舒曼是法国的政治家，曾担任法国总理和外交部部长，1950

年他发表了重新组建欧洲的历史性宣言。然而，由于"二战"刚刚结束，德国和法国之间的仇恨在民众当中还并未消除，因此舒曼的欧洲共同体思想在法国并没有得到理解，以致他不得不于 1952 年辞职。1957 年签署的《罗马条约》将欧洲重新带回到舒曼宣言阐述的道路上。1958 年，舒曼被任命为欧洲议会第一任议长，因而有"欧洲之父"之誉。

我们在领队老师的带领下进入了一楼大厅，负责接待的工作人员在大厅里给每一位师生配发了当天与会人员的胸卡。走进欧盟总部，我发现欧盟理事会、欧盟委员会、欧洲议会办公地点的内部装修都相当气派，办公室、会议厅宽敞明亮，走廊两侧随处可见播放宣传片的液晶屏。尤其是欧洲议会内部，邮局、银行、书店、咖啡厅、小卖部、健身房、桑拿房、体育馆，设施非常高档且一应俱全。随手拿起一张宣传单，上面标明，其中除正常的各种体育设施和运动器材外，还专门设有体操、拳击、瑜伽、太极、防身术等多种课程，每种课程有多个时间段、多种进度，供大家选择。不难看出，这里的工作环境非常舒适。

大家在另一位工作人员的带领下，在大楼里穿梭了一段不短的时间才来到一间偌大的报告厅。在这座庞大的建筑中，各个楼层分布着大大小小的会议室，要给我们进行报告的这个只是其中普通的一间。会议室总体呈半圆形，一排排座椅呈阶梯状向上排列。半圆的中央处便是演讲者或挥洒豪情，或机智应变，或高谈阔论，或严肃叙述的舞台。会议室的座椅很大，坐起来也舒适，每个椅子的把手上还有耳机和一些按钮，大概是做同声翻译用的。

大家纷纷落座，无人交头接耳，一双双蓝的、绿的、黑的、金色的眼睛静等将目光投放在主角身上。此时，一位西服革履，举止干练的金发美女一脸微笑地不知从哪扇门内快步走出，登上讲台。一段热情洋溢的讲话之后，我们得知：此人不是别人，正是今天的会议主持。而会议的主角——欧盟的官员则在她的介绍下同样是不知从哪扇门里稳重大方地走了出来。这位官员是一位中年女性，身着藕荷色西服套装，显得持重而老成。她先对大家致简短欢迎词并介绍了自己，随后便进入了演讲主题。

她就欧盟现阶段的政策，欧盟发展与环境等问题做了发言。发言后，在主持人的安排下，同学们与这位官员之间进行了互动问答。大家踊跃举手，争先恐后，主讲官员一一认真作答。不过其中来自沙特和巴西的两位同学所提的问题还是相当尖锐而不易回答的。沙特同学就土耳其加入欧盟的可能时间与土耳其在欧洲的地位问题进行了提问。土耳其申请加入欧盟这件事是欧洲十几年来一直悬而未决而争论最广的问题。早在 1987 年土耳其就申请加入欧盟，并于 1999 年获得入盟候选国资格。但很多欧洲人认为土耳其并不能奉行欧洲的标准或遵从欧洲人的理念。欧盟也从未正式制定或许诺过土耳其入盟的时间表。多年来只是"积极地"谈判，不赞成也不反对，慢慢地拖着呗。目前，土耳其已成为申请期最长的一个国家。这位女官员回答此问题时也是一套标准的外交辞令，听似说了很多，实质上什么都没说，可给人的印象却是有理有据，大方得体。

到欧盟前，我也做了些功课，主要是询问了关于欧盟当前形势及中欧关系的问题。这位官员谈道，一体化和欧元是欧洲战后 60 多年最突出的成果，在一体化道路上不断前进，是当前欧盟最大的共识。在谈到中欧关系时，她阐述道，自 1995 年欧盟委员会发表第一个全面对华政策文件《中欧关系长期政策》以来，几乎每隔两三年，欧盟就会定期发布其对华政策文件，在这期间，中欧关系获得了长足发展，由"长期稳定的建设性伙伴关系"上升为"全面战略伙伴关系"，双方合作的广度和深度都在增强，目前中欧关系已成为世界上最重要的双边关系之一。

近年来，曾经的柔情蜜意随着时间流逝逐渐被消磨，当前中欧虽未发展到"相看两厌"的程度，但欧盟对华政策正在犹疑摇摆之中酝酿新变化。未来欧盟对华政策仍将保持机会主义态度：在涉及多边主义的全球治理领域，在有利于欧洲获益的贸易与投资的特定领域，欧盟仍希望与中国开展合作；而在战略安全和意识形态领域，欧盟会追随美国向中国施压，但会仔细掂量施压的力度与方向，以避免中欧全面冲突。中国可将宏观层面的对欧战略举措与微观层面的对欧投资和公共外交相结合，尽量维系良性互动的中欧关系，为中国应对日益严峻的中美竞争形势争取更大的转圜空间。

走近俄罗斯杜马

自从懂事开始，苏联在我的印象中，是国际共产主义大家庭中的"老大哥"，是各国无产阶级的学习榜样。我在影片中、画报上看到的是，农村

莫斯科红场附近

遍布集体农庄，人们采用拖拉机播种、收割；城市里现代化自动化大工厂生产，人们生活安定富裕。留学期间，学院安排我们到俄罗斯进行参观访问，让我终于踏上了这块既熟悉又陌生的土地。

在中国驻俄罗斯大使馆前留影

我们到达莫斯科的时间，正好是隆冬，刚刚下过大雪，积雪还没完全融化。下了飞机，出了机场，已是夜幕降临。虽然出发前，按照当时莫斯科的天气情况和老师的提醒，我做了充分的功课，购置了大衣、靴子、围巾等御寒衣物，但刚出机场时，还是感到瑟瑟发抖。莫斯科城迄今已有870多年的历史，坦率地说，它的街景给我的第一印象并不太美好。新老建筑无序，行驶的汽车破旧，车辆停放随意，看到的景象与我们北京、上海等大城市的欣欣向荣、蓬勃发展，相差还是比较大。

第二天我参观的老阿尔巴特街不一样，我觉得它特美，特有诗意。老阿尔巴特街是老莫斯科的象征，已经拥有500多年的历史，最初是属于莫斯科卫戍区的。从18世纪下半叶开始，老阿尔巴特街逐渐有莫斯科的贵族知识分子居住，很快声名鹊起，成为莫

和大使先生合影

斯科的"香榭丽舍大街"。这里可谓名屋云集，群英荟萃。莫斯科著名的餐厅布拉格饭店位于此街2号。布拉格饭店创建于19世纪末，十月革命后，饭店被收归国有，其内开设莫斯科农工餐厅。20世纪30年代，这里为斯大林的警卫队专门设置饭厅。1954年，布拉格饭店重新开业至今，其地道的俄国菜和纯正的欧式服务，在今天仍让各国游人赞不绝口。老阿尔巴特街的53号楼是一栋朴素典雅淡蓝色的小楼，虽然外观并无特别引人注目之处，但其历史颇为曲折，尤因俄罗斯著名诗人普希金曾在这里居住过而受人关注。

1986年，老阿尔巴特街被莫斯科政府开辟为步行街。每逢周末傍晚，这里常有年轻人自发进行歌舞文艺聚会，脱口秀、诗朗诵、杂技等活动穿插其间，颇为热闹好看。但步行街开设的最初几年，便有各种人士自由发表言论和张贴传单，偷盗、斗殴等犯罪活动时有发生。苏联解体后，莫斯科市政府对这条街进行了有力的整顿和治理。

学院考虑得非常周到，在我们还在比利时没有出发前，就将所有外国学员即将访问俄罗斯的信息，分别通报给各国的驻俄罗斯大使馆。中国驻俄罗斯大使馆非常热情，提前在我预订的酒店房间留了一封邀请函，第二天一大早，按约定的时间安排武官处同志到酒店接我到大使馆，向我介绍了俄罗斯最近形势、大使馆基本情况，同时特别询问我有什么需要帮助的地方，大使馆将积极帮我协调解决。一通嘘寒问暖，令我在异国他乡感受到祖国大家庭的温暖。位于莫斯科友谊大街的中国大使馆，如同一座美丽无比的郊野公园，这是我去过的好几处"海外国土"中最大、最美的一处。使馆占地近180亩，馆内到处都是绿地、树木和休憩的地方，大使官邸、网球场等馆舍和运动场所淹没在树木、花丛之中。

第二天下午，李武官特意派人陪我逛了一次老阿尔巴特街。这是一条

莫斯科红场

古老的休闲步行街，宽不过 15 米，长 400 多米。路面用石砖铺设，中间镶有花坛，置有长椅，也有不少个体商摊，整齐而秩序井然。街道一端是普希金故居，另一端是布拉格饭店。街道两旁有全俄有名的瓦赫坦戈大剧院，还有书店、古玩店、珠宝店、手表店、花店等，最多的是礼品店。个体商摊上，摆满了俄罗斯的特产，油画、望远镜、套娃、玩具，各个时期苏联奖章、邮票等。一些街头音乐家用吉他、小提琴、手风琴、萨克斯等乐器在演奏俄罗斯乐曲。看见中国人走过，还会奏响《茉莉花》《打靶归来》等曲子。整条街上洋溢着浓浓的俄罗斯气息，可以说莫斯科的"精灵"就在这条街上。

我在普希金的铜像前拍照留影，就在铜像前的商摊上，我选中了几个套娃，套娃也叫"套偶"，是俄罗斯最典型、最普及的民间手工艺品。用俄罗斯特有的白桦木制成几个甚至十几个按比例大小排列的娃娃，用彩色油漆加以描绘。最大的有花瓶那么大，最小的只有绿豆那么小，但是个个栩栩如生，美丽鲜艳，煞是漂亮可爱。如果把它们一个个套在一起，就是

莫斯科红场

一个美丽年轻的俄罗斯少女的造型，圆脸蛋，长睫毛，噘着小嘴，真是可爱至极。

第一天的自由活动告一段落。第二天就要参与正事了，这也是本次 5 天莫斯科之行的主题与所有活动里的重中之重——参观俄罗斯国家杜马。"国家杜马"的称呼是从旧俄国套用过来的，"杜马"一词，是俄文 дума 音译，意为"议会"。沙皇俄国原是封建专制国家，1905 年爆发革命运动后，沙皇尼古拉二世为缓和政治危机，于同年 9—10 月宣布召集"国家杜马"，赐予一定权力。1906 年和 1907 年，产生了第一、第二届国家杜马，但随后不久就被解散。后来又产生了第三、第四届国家杜马，其权力都不大，但名义上是国家的议会。1917 年十月革命胜利后，苏联建立了"议行合一"的苏维埃制度。1993 年，俄罗斯又恢复"国家杜马"的称呼。俄罗斯的国家杜马是 1993 年建立的。在此之前，俄沿用苏联时期的办法。苏联的议会是"人民代表苏维埃"，其常设机构是两院制的"最高苏维埃"，内分联盟院和民族院。1988 年，苏联进行改革，"人民代表苏维埃"改称为"苏联人民代表大会"，其常设机构依然称"最高苏维埃"。当时，俄罗斯也照此办理，建立了"俄联邦人民代表大会"，其常设机构是"俄联邦最高苏维埃"。1993 年 10 月俄罗斯发生"炮打白宫"事件后，叶利钦总统宣布废除苏维埃制度，建立新的联邦议会，其上院称"联邦委员会",其下院即"国家杜马"。

通过工作人员介绍,我们了解到,俄罗斯虽然实行"三权分立",但总统权力极大,议会权力很小,

参观"星城"

可称为"总统集权制"或"超级总统制"国家。按照宪法规定,国家杜马有下列职权:通过法律;批准总统对政府总理的任命;提出对政府的信任问题;任免中央银行行长;宣布大赦;对总统提出弹劾。但是,国家杜马通过的法律,要经过联邦委员会(上院)的审议,总统也有权加以否决;政府由总统直接组建,国家杜马如三次拒绝通过总统提名的总理,或两次通过对政府的不信任议案,总统就有权解散国家杜马。国家杜马要弹劾总统也很困难,必须经过如下复杂程序:国家杜马1/3以上议员"提议";国家杜马专门委员会作出"结论";国家杜马2/3以上多数通过"指控";最高法院作出总统犯罪的"结论书";宪法法院作出"指控符合规定程序"、罪行得到证实的"裁定";联邦委员会(上院)2/3以上议员赞同。这样,弹劾才算通过。这样复杂和难度极高的程序,实际上使弹劾总统几乎成为不可能。

俄先法规定:"国家杜马由450名代表组成","每4年选举一次"。另据俄国家杜马选举法规定,国家杜马的225名代表在全联邦选举中按党派原则产生,得票率5%以上的政党才能进入国家杜马,并按得票率分配议席。国家杜马另225名代表则在"单席位"选区的选举中由多数票产生,即在全国设立225个选区,每个选区产生一名代表。新的选举法还规定,

从 2007 年开始，政党进入国家杜马的得票率提高到 7%。

接下来的 3 天，我们分别参观了莫斯科红场、克里姆林宫，还有著名的加加林宇航员培训中心"星城"等。

"星城"是太空飞行的诞生地，始终给人以神秘感。它位于莫斯科市东郊一片树林中，是一座环境幽美的小城，占地 310 公顷。1961 年 4 月 12 日人类历史上首个进入太空飞行的加加林，就是从这里脱颖而出的。一条柏油路把我们带到了宇航博物馆，这里记录了苏联和俄罗斯宇航业发展的历史，其中有加加林的办公室。玻璃柜中挂着他的佩满勋章的军装，一枚"苏联英雄"奖章是他完成人类首次太空飞行后荣获的。一张不大的写字台上放着一本打开的台历，上面的日期是 1968 年 3 月 27 日：这是 34 岁的加加林生命的最后一天，他在一次飞行中不幸牺牲。

在"轨道站训练大厅"的中央，放着与正在太空飞行的"和平轨道站"一模一样的一个轨道站，宇航员们就在这里进行地面模拟练习。这个 1986 年发射的轨道站是俄罗斯第三代太空站，有 6 个对接点。

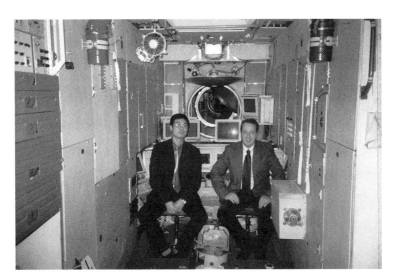

在"星城"参观

　　一条宽阔的水泥路通向一座圆形的 4 层楼。这是"水下模拟太空失重训练室",里面放着与实物一样大小的"和平"号太空轨道站以及宇宙飞船模型。宇航员身穿太空服,背着黄色的氧气筒,在直径 23 米、深 12 米的圆柱形水池中训练。

　　在这个训练室的墙壁上,张贴着有关俄罗斯宇航飞行的图片:从 1961 年到 1994 年,有 17 个国家的 19 名宇航员乘坐苏联和俄罗斯宇宙飞船,到太空轨道站工作。1996 年 11 月,我国最早的两名宇航员兼教练员李庆龙、吴杰曾在这里受训一年。

　　几天的所见所闻中有一个小插曲顺便提一下,那就是对莫斯科警察的初印象。一天晚上,我和加蓬同学去俄罗斯大剧院看演出,临行前,比利时同学友好地提醒我记得带上护照,路上有警察查证件!演出结束后,果不其然,刚出剧院门口不久,凛冽寒风中迎面走来两位警察。他们立在我们面前,伸手要查看我们的证件。我和加蓬同学持的是公务护照,有合法的入境手续,是不用担心的。我与中国驻俄罗斯大使馆武官处小刘在逛老

与老师合影

阿尔巴特街时，顺便问起这事。"如果忘记带证件了，或是护照过期了怎么办？"我好奇地问。"也不要紧，有钱就行！"小刘满不在乎地说。"刚来莫斯科时，一次我上街忘记带护照了，被警察拦住查看证件，每人拿出50卢布就摆平了。""即使你手续合法，警察也照样会查你！"旁边的小李补充道，小李在莫斯科待了三年多，似乎很熟悉这里的情况，"这么大冷的天，在外面接受半天的审问，谁受得了？还是花钱免灾吧。"

亲历非洲

原来我对非洲的了解，只是通过书本和各种媒体得来的，存留的印象是，非洲贫困、落后、酷热、战乱……留学期间，在学习旅行中，我先后访问了非洲南非、贝宁、卢旺达、加蓬4国。我第一次踏上这片新奇的土地，尽情领略了非洲美丽的山水景致，亲身感受到这里独特的风土人情，从一个视角了解了非洲社会的方方面面。尽管只有短短的一个星期，可以说是走马看花，但获益匪浅。

在加蓬见学

我很小的时候，听人讲了这么一个关于造人的神话。在很久很久以前，造物主欲创造人类。他找来一台烘炉，把泥制的人模放在烘炉里烧烤。第一炉打开后，见火候不到，人变成白色。造物主施恩，把他放到了地球上的好地方——欧洲。第二炉烧成后，打开一看，人变成了黑色，原来是烧过了头。造物主怜悯黑人，把他放到了地球上的另一个好地方——非洲。有了前两回经验，第三炉烧得恰到好处，打开后变成了黄色。造物主觉得黄种人有能力，肯吃苦，所以把他放在了条件极差的亚洲大陆。

这次去非洲，我脑子里还一直萦绕着那个神话故事。通过实地考察和访问，我对非洲的了解逐步加深，如同神话讲的那样，非洲确是一块风水宝地。

非洲有着迷人的自然风光。非洲大陆地跨赤道，天气炎热，孕育和滋润着大片热带雨林和奇花异草，栖息着许多珍禽猛兽，形成了独特的自然风光和美丽景色。

非洲的植物种类很丰富，除了有广阔的森林和草原外，据统计至少有

欢迎宴会

皮拉内山国家公园

4万多种植物。森林面积7.44亿公顷，约占非洲总面积的24%，约占世界森林总面积的19%。非洲土地辽阔，物产也非常丰富，被世人公认为"富饶大陆"。非洲的金属矿藏和非金属矿藏种类多，分布集中，便于开采。在金属矿藏中，黄金储量估计占世界总储量的2/3左右；白金占世界总储量的40%；铀占世界总储量的30%。20世纪50年代以来，在撒哈拉沙漠陆续发现了丰富的石油和天然气。尼日利亚、利比亚、埃及、阿尔及利亚等国，都有大型油田或气田分布。

在访问南非、加蓬期间，我们驱车跑过不少地方。途经之处，看到的尽是碧绿的原野、茂密的森林和繁多的野果。我的比利时同学感叹："老天真是偏爱非洲人。在这样的地方，再懒的人也冻不死，饿不坏啊！"可以说，非洲是一块尚待开发的处女地，她充满了神奇，充满了希望！

从开普敦到好望角直线距离是50公里，驱车沿着海岸线绕道要开100多公里。沿途各式西欧的建筑、大片大片的葡萄园和大西洋的绮丽风光，是我见到的最漂亮、最亮丽的异国景色。还有那蓝得出奇的天，白得透彻的云，远处青翠的山峰，近处翻着碧波的大海，使人目不暇接。我坐在大巴上，透过车窗大玻璃，贪婪地看着窗外风景，拿着照相机比画着，根本不用取景，只要"咔嚓"一声，张张都是优美的风景照。沿途葡萄园一个接着一个，密布在弯弯曲曲的公路两侧。开普敦气候与葡萄酒著名产地西班牙、法国相似，这儿有肥沃的土壤，利于葡萄生长。大多数葡萄酒酿造公司都竖起大大的广告牌，邀请游客参观酒窖、工厂后试饮葡萄酒。这些酿酒公司不仅销售葡萄酒，还经营餐饮、咖啡，以及住宿，游客可以在美丽的自然风景里畅饮甘甜的葡萄酒，品尝美味佳肴。

沿途观赏了南非的企鹅和海豹后，终于来到了心仪已久的好望角。我在读初中地理时就知道非洲最南端有个好望角，这是一个风暴之角、死亡之角。这是个遥远又遥远，很不容易去的地方，如今终于能够亲身来到，当然是件令人激动不已的事。我们先来到好望角灯塔，这个为大西洋、印度洋导航的灯塔建立在突出海面的巨大礁石上，灯塔下面就是大西洋和印度洋汇合处。导游莉莉小姐说，西边是大西洋，东边是印度洋，因为大西洋经常有暖流过来，水温较高，不信你们可以下去试试。脚底下礁石丛生，海浪汹涌，谁敢下去一试？从灯塔俯视好望角，只见好望角似三只脚趾的脚横伸在大海中，海浪涌来，掀起阵阵半天高的白浪，大西洋和印度洋交汇处形成的巨大旋涡一个接一个，难怪有多少豪杰曾葬身于此。灯塔底层设有礼品小卖部，有南非的民族木雕和其他工艺品出售，我挑了几张图案精美的明信片，盖上好望角邮局的邮戳寄回中国，同时还买了一个装有海水和沙子的纪念瓶。

下了灯塔乘车沿着海岸线向好望角驶去，只听见惊天动地的浪涛声，狂风吹得大巴有些晃动。下车后狂风吹得人睁不开眼睛，戴在头上的遮阳帽一下子被狂风高高卷去。几百米长的海浪汹涌澎湃，接连不断向海滩涌来，海水随着浪花像细雨洒在人们头上，不一会儿便在我的眼镜片上结上薄薄的盐花。到了好望角，我才知道什么叫大自然的伟大。

在南非，我们还参观了皮拉内山国家公园野生动物保护区。它的总面积为 500 平方公里，是南非第四大的国家公园。一大早，我们准时出发，阵阵夏风吹来，虽然已套上了外衣，身上仍感到凉飕飕，睡意一下子被赶跑了，换来的是精神百倍。难怪参观要安排在清晨，因为早晨是动物精神最好的时候，经过一夜休息的动物，又要开始寻找食物、散步戏耍了。

在保护区门口，管理员查验了有关证件，清点人数，驾驶员在双筒猎枪装上枪弹后开始驾车驶入动物出入区域。一大群狒狒看着我们，有的伸出前肢似乎在向我们寻讨食物。导游一看到狒狒出现，就高兴地说："今天有戏了。只要狒狒出现，就一定能看到'非洲五霸'了。"

这个动物保护区只有大片草地和少数低矮的非洲灌木，许多叫不出名字的花夹杂在草地上，很少看到高大的树木，是个典型的非洲大草原。空气新鲜而芳香，这时初升太阳喷薄欲出，广袤的草地上，远处山脉绵延，蔚蓝的天、雪白的云奏响了一曲非洲草原的晨曲，构成了一幅非洲草原独特的图画。

不知是谁先叫起来："长颈鹿！"果然，车外一群长颈鹿在懒洋洋地散步。非洲野外的长颈鹿比在动物园看到的要高大得多，颜色也更为鲜艳。司机发现公路上有一堆冒热气的象粪，就把车停下来，说附近一定有大象，叫我们四处找一找，果然在不远处的灌木丛中发现两头大

皮拉内山国家公园内小贩

象。那头有着两根又长、又白、又尖象牙的大象，看见我们乘坐的吉普车停在它们的面前时，扇着蒲扇般的大耳朵，冲着我们奔了两步，吓得车上的女同胞"救命、救命"大叫，大象和我们对视了几十秒钟才回

非洲狮子

过头慢慢地离去。一群斑马在穿过公路向小河跑去，动作是那么慢条斯理，笃悠悠的。为了不影响它们的"平静生活"，司机在离它们很远的地方熄火停车。一群狮子大小5只，那只披着长发威武雄壮的雄狮，蹲在最外边，警惕地看着我们，就像父亲在保护着自己的妻子和儿女，几只小狮子则在母狮周围悠闲地晒着太阳。

眼前的草原上有许多动作敏捷的羚羊在飞奔，有高大的长颈鹿在散步，还有我之前从未见过的犀牛和野牛。这样，非洲动物中所谓"五霸"，即象、狮、犀牛、野牛和豹，我们就见到了"四霸"。

时至今日，其实与看到的美景相比，留在我脑海里最深处的是另外一种图景。在非洲期间，我们有幸得到非洲有关国家的热情款待，

卢旺达街景

非洲军校欢迎仪式

听了许多关于今日非洲真实的介绍，参观了他们国家的军校、军事基地、基层部队等，特别是我们到了安哥拉的卢旺达，真实地看见了难民营遍布市区，难民们垂死挣扎在死亡线的边缘，确实就对战争的本质、南北差距的进一步拉大有了更深刻的体验。此外，我还有机会接触到不少中国外交官、企业家、商人等，看到了不少中国人盖的建筑。他们那种艰苦创业、拼搏进取、闯荡非洲的精神和干劲，给我留下了深深的印象。

布鲁塞尔的"第一公民"

早就听说比利时首都布鲁塞尔的大广场是欧洲最美的广场。布鲁塞尔有"小巴黎"之称，大广场又是布鲁塞尔最精华的部分。广场中间是长110米、宽70米、铺设着美丽石砖的空地，四周的建筑群体，依稀可见比利时中世纪的繁华景象。

在11世纪时，广场已是市集所在地。可惜的是1695年法国军队攻打比利时，除了广场上市政府以外的建筑物，都惨遭破坏，面目全非，现在

的建筑物大部分是在 18 世纪
重建的。今天大广场的中央，
白天是熙熙攘攘的花市，晚上
是五光十色的灯市，灯火辉
煌，使大广场成为名副其实的
幻景仙境。

岁月的风雨，不但没有剥
蚀它们的光彩，反而使它们更
添风韵。举目四望，几乎所有
建筑及建筑物顶上的雕塑都是
精美的艺术品，放射出与众不
同的灿烂光芒，置身于此的人
们仿佛突然掉进了一只珠宝箱
里，惊诧得喘不过气来。

市政大厅占据了广场的

"天鹅"咖啡店

主位，楼顶有优美的钟塔，对面是国王居室。在市政厅左侧，有一个"天鹅"咖啡店。它是这里最引人驻足的地方，它是《共产党宣言》诞生的圣地，曾震动了整个世界。1845 年初，马克思从巴黎迁来布鲁塞尔，在这里寓居过 3 年，写成了《哲学的贫困》，做过关于《雇佣劳动与资本》的讲演，并与恩格斯合作起草了载入史册的《共产党宣言》。我怀着崇敬的心情，在咖啡店门前徘徊了很久，拍了好多天鹅雕像和咖啡店门前的照片留作纪念。

1999 年，英国剑桥大学和英国广播公司（BBC），曾先后用不同方式评选千年第一思想家，结果都是马克思荣登榜首，爱因斯坦屈居第二。

2005 年，BBC 再次以古今最伟大的哲学家为题，调查了 3 万多名听众，结果马克思再次以高票荣登榜首，西方其他著名思想家苏格拉底、柏拉图、康德等皆是望尘莫及，黑格尔甚至没有进入前 20 名。

大广场旁边有一条名叫埃杜弗的小街。在小街的拐弯处，有个小孩正站立在那里撒尿。他就是比利时人引以为自豪并誉为独立精神象征的布鲁塞尔第一公民——小于连。

关于小男孩的传说可多了，大都带有神话色彩。其中最有真实感，也最有传奇特色的一种说法是：15 世纪西班牙入侵比利时时，撤退前点燃了炸药的导火线，企图把布鲁塞尔全城炸毁，危急关头，有个名叫于连的小男孩到院子里撒尿。他在墙角边发现了闪着火花的导火索。出于好奇，一泡童子尿撒在了导火索上……导火索熄灭了，布鲁塞尔顷刻之间化险为夷。这个小小的民族英雄，理所当然地受到全体人民的爱戴，因而被戴上了"第一公民"的桂冠。

1619 年，著名雕刻家捷罗姆·杜克思诺（Jerome Duquesnoy）根据民间的传说，精心制作了这座雕塑铜像，思想性和艺术性都著称一流。1696年 5 月 1 日，荷兰总督马克西姆廉·埃蒙努勒（Maximilian Emonoule）路过这里，觉得这个小小神童光着身子，日晒雨淋，怪可怜的，就下令为他做了一套衣服。从此以后，许多达官贵人纷纷效仿，有送领主贵族服饰的，有送军人服饰的，有送僧侣服饰的，也有送各色民族服饰的。1979 年，在布鲁塞尔建城 1 000 周年庆典时，我国代表团也赠送了一套汉族的对襟小裤褂。据说，每年 10 月 1 日，小于连都要穿上这套中国服装。目前，小于连已成为世界上衣服最多的人。哪个国家领导人去，他就穿哪个国家的服装迎候。现在市中心有一座博物馆，专门收藏和展览小于连接受的各种各样的服装。

2021 年 10 月 18 日，小于连穿上了一身防爆服，非常特别。原来，当天是比利时陆军爆炸装置清理和销毁部队（DOVO）成立 100 周年的纪念日，为此，这个 400 岁的小男孩穿上真正的防爆服，当了一天的拆弹专家。虽说"撒尿小孩"只穿一天的防爆服，但这套衣服的做工一点都不马虎，是按照最先进的防爆服等比缩小的。同时，这件防爆服也成为铜像的第 1 076 套衣服。比利时军队前指挥官雅克·卡利博（Jacques Callebaut）在仪式上发表了讲话："这个想法起源于几年前的阿富汗，希望能够用这样的方式，纪念爆炸装置清理和销毁部队的生日。"

布鲁塞尔历史上的伟人、名人不少。早在公元 6 世纪，圣·格尔主教就率先在这里建造小教堂，使沙洲逐渐变为村镇，他可算得是布鲁塞尔的"开山祖"。在很长很长的历史时期里，比利时都在西班牙、法国、荷兰等国的占领之下，直到 19 世纪 30 年代，才最后脱离荷兰成为独立国家。独立后的第一个国王利奥波得一世，自是光荣地载入了史册。至于现代名人，比利时人也不在少数，比如说，获得诺贝尔文学奖的著名戏剧大师梅特林克，获诺贝尔和平奖的法学家拉封丹……只是这些伟人、名人，在老百姓脑海里，似乎都没有一个站在大街上撒尿的小神童风光。

漫画《丁丁历险记》

说到这，不得不提到另一个比利时小人物形象，那就是比利时漫画《丁丁历险记》中的主人公丁丁。他是一个年轻的比利时记者。金黄色头发在前额上方翘起一缕是其形象的标志。

丁丁几乎拥有人类一切的美好情操，他富于正义感和冒险精神，敢于同各种恶势力进行斗争，屡屡不顾生命危险营救他人；他身材瘦小却擅长格斗，在与形形色色坏人的斗争中，凭借自己的勇敢和机智总能化险为夷，最终战胜敌人。丁丁还是一位和平主义者，不惜一切代价阻止战争，对待失败的对手也充满宽容和人道。在漫画中，丁丁展示了他出众的才能，如驾驶汽车、坦克、飞机、轮船，使用和维修无线电，游泳和骑马等。可以说，丁丁是勇敢、善良，不惧怕任何人和任何势力，和平和正义的象征。他从来都是坐不住的，在非洲，在美洲，在印度，在中国西藏、上海，都留下了丁丁的脚印，他甚至成为在月球上探险的第一人。

留学期间，在我从法国到比利时之前，曾中途短暂回国办理赴比利时的有关手续，并休假，刚好妻子怀上了我们的孩子。对于即将出世的孩子，取个好名字是父亲义不容辞的责任。一开始，我就想到"丁丁"这个小名，一来卡通人物"丁丁"形象很好，可以说是家喻户晓；二来也算是我到比利时的一个纪念吧，觉得非常有意义。只是到后来孩子出生后，因为是女孩，妻子考虑到"丁丁"更多是男孩形象，就取其谐音"婷婷"，而将"丁丁"这个小名送给了弟弟的小孩，当然，这已是后话了。

我的比利时好朋友，也是我的学习辅导员让·马克，听说我升级当父亲了，也知道我非常喜欢比利时漫画人物"丁丁"，便利用周末时间，特意在书店给我买了几本《丁丁历险记》漫画书，其中都是丁丁在中国的故事，并反复告诉我这是他给未曾谋面的侄女的小礼物（Petit cadeau）！

古战场滑铁卢

读过欧洲历史的人一定不会忘记，叱咤风云、不可一世的拿破仑书写了伟大的欧洲近代史，也一定不会忘记，滑铁卢大战改变了欧洲近代的历史。到了比利时，当然不能不去看看这震撼世界的滑铁卢之战的旧址。滑铁卢之战是一部 19 世纪初欧洲历史的教科书，一代伟人拿破仑在这里结束了他伟大而悲壮的政治生涯。

军校毕业后，我被留校任军事理论课教员，记

滑铁卢

忆中准备的第一堂课，就是讲拿破仑在军旅生涯中，发挥他超人的军事指挥才能、崭露头角的土仑战役。一个周六上午，比利时同学伊万（Ivan）陪我来到拿破仑军事生涯的终点——滑铁卢。滑铁卢是比利时首都布鲁塞尔南郊 18 公里外的一个小镇，其地名的英文写法是：Waterloo。

1799 年 11 月，法国东征军司令拿破仑发动了武装政变，成为法国第一执政官。5 年后的年底，拿破仑加冕称帝，成为拿破仑一世。拿破仑是个雄心勃勃的军事家，对外发动战争是拿破仑一生活动的重要方面。在以后连年的战争中，他几乎击败了所有欧洲大陆大国，欧洲封建制度受到了致命打击。欧洲各国的统治者也不甘心被拿破仑统治和欺凌，结成联盟疯狂反扑。1814 年 3 月，反法联军占领了巴黎，法兰西帝国崩溃。一年以后，拿破仑逃离流放地，率领　支小部队，又回到巴黎。这个消息震惊了欧洲同盟国，于是，英、俄、奥、荷、比等国组成反法同盟，调兵遣将武装进攻法国。拿破仑以非凡的号召力，征召了 30 万正规军和 22 万辅助军，与此同时，反法同盟也集结了 70 万军队。

关于滑铁卢的来源，伊万把当年滑铁卢那场历史性的战斗，绘声绘色

地给我讲了一遍。那是 1815 年 6 月，离现在已 200 多年了。拿破仑率兵返回巴黎途中，在比利时的布哈邦地区和英、荷、比联军遭遇。拿破仑军是 74 000 人，联军只有 67 000 人，但依靠普鲁士军队的支援，联军对拿破仑形成两面夹攻之势。战斗持续了一天一夜，拿破仑终因援军未到而以失败告终。战斗的激烈和残酷，令人震惊，整个战场留下的尸体，法军和联军都有 20 000 多人，超过全部参战士兵总数的三分之一。联军统帅威灵顿公爵虽取得最后的胜利，但他目睹战场上的惨状，说出一句话："胜利是除失败之外的最大悲剧！"拿破仑在滑铁卢大战中惨败，标志着他政治生命的终结，最后他在大西洋中的一个荒凉小岛——圣赫勒拿岛上结束了他那富有戏剧性的一生。因此，滑铁卢战役被称为是对欧洲历史起转折作用的一场大战。

"战争结束了，"伊万接着说，"战场上不仅躺满了尸体，也躺着无数疲惫不堪的士兵。他们从死亡线上斗争了过来，他们企盼着生存，而他们急迫需要的是水。躺在地上的联军士兵不断地呻吟，不断地用英语呼唤'Water（水）'；躺在地上的法军士兵也不断地呻吟，不断地用法语呼唤'l'ou（水，其发音像汉语拼音的 lu）'，合起来，就变成 Waterloo 了。"我仔细一想，Water- l'ou！ Water- l'ou！音译成中文，不就成了"滑铁卢"了吗？

战斗景象油画

真有意思！一路上，我不断地默念着 Water- l'ou！ Water- l'ou！

滑铁卢镇虽然是比利时最重要的旅游景区，但并未被随意开发。现在的古战场除了有几座规模很小的纪念馆之外，没有兴建任何民用或公用设施，据说与当年几乎没什么两样。

位于古战场偏南处的这座金字塔式的人造小土山叫铁狮峰，建于1826年，既是古战场的标志，也是观景台，站在山顶的平台上可以纵览滑铁卢战场的全局。当时没有推土机，41米高的山峰据说是当地妇女用背篓从2公里外的地方背土垒成的。沿226级台阶拾级而上，峰顶上是一头威风凛凛的铁狮子，两只眼睛盯着南方的法兰西。这头雄狮重18吨，据说是为纪念欧洲联军的胜利，用缴获的法国军队的枪炮熔铸而成的。铁狮下的碑座上没有题词，只刻着"1815.6.18"字样，这串简单的数字却让人不由自主地想起那场影响欧洲历史进程的战争。

站在山顶，极目四眺，周遭便是当年的古战场了。说来也怪，滑铁卢一马平川，除站立着雄狮像的40多米高的人造土丘外，周围几乎没有任何像样的掩体，哪怕是一个小土包。那场惊天动地的大仗，真不知是怎样打的。据史料记载，当时两军对垒的阵地叫作蒙·圣然高地，实际上也就是一片略有起伏的开阔地。在既无遮拦又无工事的开阔地上，被猛烈炮火两面夹击，怕是难以抵挡的。

更令人惊奇的是，拿破仑在这里结束了他的政治和军事生涯，却没有抹去人们心目中对这个叱咤风云人物的传奇人生的赞赏。俗话说"成则王侯败则寇"，但是，来到滑铁卢，我分明感觉到历史不是这样简单。人们来此凭吊，都是奔拿破仑而

拿破仑

来，却不记得胜利者是谁了。拿破仑在滑铁卢失败了，但是，法国大革命的思想和他倡导的民主平等理念却传遍了整个欧洲，并严重地动摇了封建专制的根基。从这个意义上讲，拿破仑胜利了，不是在他生前的战场上，而是在他身后的历史中。

广场一侧的林荫中，站在高高石座上的是神采奕奕的拿破仑塑像。这位伟人身着戎装，双臂交叉在胸前，目光炯炯，有一股压倒一切的气势。小丘旁是滑铁卢纪念馆，它的外形像一只面向下扣的浅口圆铁桶。里面环形墙壁上饰有一幅高为12米，周长110米的全景油画，为法国画家路易·杜默兰所作。作者以卓著的胆魄，描绘了震撼世界的联军和法军的对垒和鏖战。油画色彩鲜艳，形象逼真。在这幅油画与展览馆中心之间，还配以当年战场景象的泥塑，歪斜的板房、零乱的茅草，人马杂沓、尸体横陈，还有丢弃的枪炮，配以各色灯光，与油画浑然一体，逼真地再现了战役的全景。

世界上有关拿破仑作战的大型全景画仅有两幅：一幅在莫斯科郊外，描绘的是1812年俄国元帅库图佐夫诱敌深入，坚壁清野战败法军，拿破仑在大火中仓皇逃出莫斯科的情景。另一幅就在滑铁卢。拿破仑一生叱咤风云，曾多次进行对外扩张和殖民侵略，但其战场遗址大都无迹可寻，唯这两处是他的大败之地，特别是滑铁卢，这个词已作为"失败"的代名词被频频使用，却建起了败军将领的纪念馆，拿破仑的雕像就矗立在那里，不知热爱和平的人们做何感想？

驱车返回布鲁塞尔的路上，伊万不断感叹着上帝的无情却有情，历史的残酷与公正。而我的眼前仿佛一片刀光剑影，铁骑飞驰；耳边似鼓号齐鸣，人语马嘶，一片当年拿破仑大败于滑铁卢的悲壮惨景。所幸的是，这里已是祥云霭霭，绿树葱葱，庄稼丰茂，牛羊遍野，一派和平宁静、生机勃勃的景象。

十二

他山之石

向外军学什么

华为在心声社区公开任正非《与金牌员工代表座谈会上的讲话》，任总表示，"尽管美国打压我们，我们不可能走向封闭，必须走向开放。我们仍然要坚持向美国学习，它百年积累，灵活的机制，在科学、技术上还是比我们强很多"。之前他还一直认为，美军是世界上最伟大的公司，并强烈号召华为全体员工向美军学习。

"他山之石，可以攻玉。"一支军队，如果关起门来搞建设，离开与对手的动态比较，拒绝学习国外先进的东西，是不可能跟上世界发展潮流的，也不可能有真正的先进和一流。由于历史上的一段时期内，西方占据了军事力量的先导，中国与西方各国的军事留学派遣与军事交流早已有之。

早在清政府时期，军事留学便在清政府的推动下开始了。从所学专业来看，主要是驾驶、制造、测绘和枪炮等与海军近代化相关的学科。清政府 10 年派出 88 名海军留学生，留学费用占海军军费的 20%，这一点无疑反映出清政府对留学生的派遣相当重视。

20 世纪 50 年代，中国军队曾大规模引进苏联军事技术，中国军事指挥员和技术军官也接受过苏联军事专家手把手的训练，以适应列装中国军队的苏式武器装备。90 年代，由于急需相匹配的人才，军方重启外派留学政策，首站便是俄罗斯。现如今，国家在对军队的改革以及对外交流方面做了大量工作。与其他国家深入开展务实交流与合作，不仅有力推动了军队各项建设快速发展，有效维护了地区和平与稳定，而且增进了国际社会对中国军队的了解。

有个成语叫"宝山空回"，出自佛经的一句话："如人无手，虽至宝山，终无所得。"意思是说，人如果没有手，即使走进了到处是宝藏的山里，也终究是毫无所得。这个成语比喻，虽然有很好的条件和机遇，本来可以有很多收获，结果却一无所获。在法国和比利时学习期间，正逢伊拉克战争爆发，北约军事改革正如火如荼，此外，参谋高级课程关于"二战"欧洲战场经典战例的研究也令我目不暇接，因此单位领导和同事经常善意提醒我，不要身入宝山空手回。

当前，中美战略博弈提前进入高承压和高风险期，我们站到了面对更大风险、更大挑战、更危险更复杂局面的历史当口。研究强敌、学习强敌、超越强敌，已成为大家的共识。但扪心自问，我们到底对强敌了解多少？学习不是用嘴，而是用心；不是用口号，而是用行动。

向外军学习，也许，首要的是学习人家的学习态度。实际上，西方国家和军队也一直非常注重向对手学习。1747 年，弗雷德里克大帝在给将军们的教范中明确，"我们应当了解我们的敌国，它们的盟国、它们所拥有的资源和自然环境，以便筹划一场彻底击败它们的战役……并且预见我们采用的政治策略对于自己、盟国和敌国所产生的影响"。

美国也有借鉴欧洲列强和我军的治军经验。1875 年，西点军校成立一个委员会，旨在研究国外的军事制度，为陆军改革做准备。作为该委员会核心成员的埃默里·厄普顿（Emory Upton）在考察了欧洲各国之后，写出了《欧洲各国陆军》一书。在书中，厄普顿认为德国的总参谋部体制不受文官干预，功能齐全，管理完善，行动比较灵活；军队人员精干，层级分明，在平时实行征兵制，在战时随时可以扩编，因而战斗力强大，德军曾用 6

周的时间打垮了奥地利，用 3 个月的时间击败了法国。相比之下，美国的体制就逊色许多，需要大力改进。厄普顿开了外军研究的先河，为后来美军的改革提供了思想基础。

越战后，美国五角大楼鉴于军队内部矛盾突出、凝聚力差，明确提出"向解放军学习"，要求上级军官经常找下级谈心，积极了解和解决下属的思想问题和生活问题，并经常性召开"意见"听取会，消除上下级之间的隔阂。

思考总是零星的。着眼于新思考、新理解，笔者作为一个军事留学亲历者，提出一些观点供大家探讨，旨在抛砖引玉、投石击浪，期待有更多的领导和专家对这一问题做更深入的研究，为推进构建具有我军特色的改革之路做出贡献。本部分启示思考，重在借鉴外军的战略思维与建设经验，其实有的方面我军已经在实践，只是尚未系统和完整，而是片段式、启示式，甚至是零碎的，如果读者阅后有所知、有所思、有所得，那笔者就感到心满意足了。

"学习的目的全在于运用。"在适应"世界型"中走好"中国式"，既要开放思维，又要保持定力，既要热切关注，又要冷静评估，看清世界军事发展潮流和前沿，看清为我所用的科学因子。

我想，这是我们应该有的基本态度。

塑造与战略思维

1997 年 7 月，克林顿政府发布的军事战略报告中，首次提出了"塑造"的概念。所谓"塑造"，就是运用包括军事在内的手段创造一种对美国有利的安全环境。

美国有一句格言："没有一个伟大的敌人，便没有伟大的国家。"长期以来，美国从国家利益出发，对中国的政治、经济、军事等领域的发展情况做出解读和预测，形成一个个极具政治偏见的议题，从而将中国塑造成了一个与西方价值体系背道而驰并且具有威胁性的对手。而这些议题的深入发展和反复传播，逐渐在美国和欧洲西方社会中形成特定的对华认知框架。

在比利时皇家高级国防学院国际关系课上，尽管当时中美在经贸合作、全球反恐领域合作进一步加深，但在组织的"中国是美国敌人或者朋友？"调查中，认为中国是美国敌人的人数比例，超过了认为中国是美国朋友的人数比例。以《时代》周刊为例，有学者对该周刊251篇报道中国的文章进行分析，从16个指标中得出有关中国文章的倾向性，总体看是负面多于正面。新华社军分社统计了国际六大通讯社对于中国军队的报道，显示结果同样如此。

近年来，中国共产党非常谦虚谨慎地重视面向国际塑造良好的国家形象，领导人还亲力亲为地讲述中国故事，对中国形象反复作出阐明，对中国坚持走和平发展的道路反复进行申明。按理说，西方不应视而不见，而应给予充分认同。但现实并非这样，西方乐此不疲地炒作"中国威胁论"，蓄意制造和形成对中国崛起发展的偏见，而且在一些重大事件、重大场合明显抱团式地给中国发难。

要真正揭开谜底，需要我们深入研究幕后美国巧施的战略传播伎俩。

最早正式采用"战略传播"的首推美国军方，其产生可溯源到2001年10月国防科学委员会发布的《信息传播管制报告》。该报告中，战略传播被定义为三大部分："公共外交""公共事务"和"公开的国际军事信息活动"。与此相呼应，美军参联会2004年发布《国家军事战略报告》，明确将战略传播作为战区层面指挥官的重要任务。对战区战略传播的重视，与逐步陷入泥潭的阿富汗、伊拉克战场有着密切关系。自此以后，对战略传播的讨论逐步升温，并且从理论进入实践，成为塑造美国政府对外传播活动的核心概念。

在 2006 年版《国家安全战略报告》中，布什政府宣称美国要塑造世界，而不是被世界塑造；要主动影响国际局势，而不是被其影响。9 月美国国防部发布《四年防务评估战略传播指南》。报告对战略传播做出了新定义：美国政府着力聚焦有效接触和影响全球关键受众，通过整合运作传播程序、计划、主题和产品，使所有国家权力机构协作一致地采取行动，以创造、强化或保持有利于实现国家利益、政策和目标的良好环境。这一定义，后来一字不动地写进 2007 年 6 月 13 日颁布的美国《国防部军事及相关术语词典》之中。

近期，美智库提出"降级制权"新概念，认为"混沌"是现代战争的固有特征，美军面对中、俄这样"过于强大"的对手，应谋求一种相对优势，寻求确保美军在与中俄的"技术-认知"竞争中，在己方装备体系遭对手干扰压制的情况下，仍能有效实施作战，并大幅削弱对手的武器系统，使其对获胜失去信心。实现方式就是和平时期在信息领域积极塑造战场态势，美军应重点维持同盟凝聚力，提高地区态势感知能力，在关键地区获得对中、俄的舆论优势。

长期以来，美军为最大限度拓展军事行动空间，通过对现有国际规则的层层演绎，炮制出"新名词""新概念"来混淆视听、规避约束，不断塑造对其有利的国际舆论法理环境。有的淡化战争色彩使用，即把对抗性、冲突性浓厚的战时概念加以粉饰，甚至换种表述，如在处理古巴导弹危机时以"海事隔离"之名实施军事封锁，既避免承担法律义务，又能在最低强度对抗下实现战略目的；有的从民用规则中挪用，即把国际民用规则直接用来为军事行动服务，如在我国南海上空设立高度保留区，就是盗用了《国际民用航空公约》空中交通管制相关规则……

国防大学金一南教授写了本《胜者思维》，书中说的一句特别好："战略本身就是对机遇的寻找、把握和利用。机遇是一种无形的资源，把握机遇就要把握不确定性。大多数人讨厌不确定性，真正高超的领导艺术恰恰是利用不确定性。越是存在不确定性，主观能动性发挥的空间也就越大。"

19世纪末，美国海军少将马汉提出了"制海权"思想。其实，海权思想的落后，实质是战略的落后，是对不断变化世界的认识落后。当然，今天崛起的中国，需要的海权也不再是马汉式的海权，它需要有创新的思维，来拥抱变化的世界。

想当年，在非洲参观访学时，我被比利时同学追着问，中国在非洲的战略目的是什么？说老实话，我当时真不知如何回答，只有假装没有听明白。当时，我国确实没有非洲战略。而在今天，情况则截然不同，至少有学术研究机构将此议题提上了日程。

当前，改革强军是设计和塑造我军未来的战略之举，需要我们自觉把思想和行动统一到"六个着眼于"的战略举措上来，坚定不移地朝着建设世界一流军队不懈奋斗。

《孙子兵法》有云："善战人之势，如转圆石于千仞之山者，势也。"这话不难找，翻开《孙子兵法·势篇》，最后一句便是。

一切管理都是文化的产儿

"我的生命已近黄昏，暮色已经来临，过去的音调与色彩已经消失，往事也日渐模糊……但我渴望聆听到过去那微弱而迷人的起床号声，那咚咚作响的军鼓声。在梦境里，我又听到隆隆的炮声、噼里啪啦的枪击声，以及战场上那古怪而悲伤的低语声。在我黄昏的记忆中，我总是来到西点军校，耳边始终回响着：责任——荣誉——国家。"

这是西点军校 1903 届校友，美国麦克阿瑟将军在其母校所做的《我的生命已近黄昏》中的演讲片段。西点军校不愧为"将军的摇篮"，这一点已为众人所熟知，但其背后更深刻的文化底蕴却鲜有人去深究。

我所在的高级参谋班中欧美同学占绝大部分，大多数军官自信、勤勉，其中美国同学约翰（John）的一件事给我的印象特别深刻：在学院要求所有外国学员都要在全院介绍本国国防政策时，唯独他没有介绍。私底下我问他是什么原因时，他的理由好像很充分，"全世界都知道我们的国防政策呀，用不着再介绍了"。他诡笑着辩称。当时，我真不明白他那份高度"自信"来自哪里。

几年前，华裔士兵罗雪在其所著的《我在美国航母当大兵》一书中，可能从一个独特的视角给我们揭开了谜底，那就是美国人深入骨髓的宗教传统，以及美军高度重视的爱国主义等人文教育。

书中也提到美军非常重视军官的传统教育，《军人手册》里明确规定，高级军官应具有荣誉、公职、忠诚等八项传统。

我们再来看德国，其不仅发动了两次世界大战，许多残酷野蛮的战争手段也始于他们：1915 年 4 月 22 日，德军率先发起毒气战，造成交战双方 91 000 人死亡，130 万人受伤；时隔不到一个月，又发起"无限制潜艇战"，直接攻击民用客轮和商船……

国际社会理所当然地将他们谴责为"野蛮人"，但德国军队却津津乐道于德国士兵的文化教养，说他们的背囊里总有一本歌德、一本尼采，或者《圣经》；93 名科学文化界的重要人物联合署名《告文明世界书》，宣称德军是"欧洲文明的守护者"……

观乎人文，以化成天下。按照习主席的话讲："没有高度的文化自信，没有文化的繁荣兴盛，就没有中华民族伟大复兴。"文化是一个国家、一个民族的灵魂。文化自信是更基本、更深沉、更持久的力量，发挥着更基础、更广泛、更深厚的作用，对道路自信、理论自信、制度自信具有支撑作用，是实现中华民族伟大复兴的精神支柱。

社会群体不同，文化自信的内涵特质和外在表现也有所不同。我军是党绝对领导下的人民军队，是执行党的政治任务的武装集团。革命军人的文化自信，最集中的体现是广大官兵发自内心地认同、坚守和践行军魂意识。

古人讲："兵者，以武为植，以文为种。武为表，文为里。"文化的力量，是最持久发挥作用的力量，也是能最终制胜的力量。军魂意识作为革命军人文化自信的集中表现，传承了人民军队最重要的红色基因，积淀着广大官兵最深沉的精神追求，成为革命军人最独特的文化标识。

以这种文化自信，把广大官兵凝聚在党的旗帜下。

让这种文化自信，激励一代代官兵奋发进取、勇往直前。

失败也是伟大的

懂得历史才能很好地走向未来，了解失败才能很好地走向胜利。一个民族、一个政党和一支军队的进步，恰恰是以过去的失误为借鉴。恩格斯曾说过："没有哪一次巨大的历史灾难，不是以历史的进步为补偿的。"毛泽东也有句名言："错误和挫折教训了我们，使我们比较地聪明起来了。"比利时皇家高级参谋战例研究课程中，注重研究自身失败战例的做法，给我留下了深刻印象。

比利时列日之战，是打响了第一次世界大战的第一场陆军战役，同时也是"一战"中典型的以要塞堡垒争夺为特征的城市攻防作战。列日城市之战从 1914 年 8 月 5 日开始到 8 月 16 日结束，一共持续了 12 天，德国军队虽然占有数量上的绝对优势，但却在列日比利时守军的顽强抵抗下，付出了惊人的伤亡代价，最终没有实现他们闪电般跨越比利时，进攻法国北部，在"树叶全部掉光前"结束整个战争的愿望。这次作战也在很大程度上激发了协约国集团的战斗热情，对之后的作战有一定的影响。

为了对付东部邻国德国的入侵，比利时政府斥巨资在国境东部的马斯河边修建了以列日城为核心的要塞防御体系。列日城就像一座城堡的吊闸，守卫着从德国进入比利时的大门，它雄踞在马斯河左岸 150 米的陡坡上，这一带的河道宽约 80 米，方圆在 8 公里以内，都有堡垒护卫，它是一座有口皆碑的坚固城池。

列日城的地理位置正处在荷兰领土与亚丁森林的狭窄缺口处，扼守比利时境内的铁路交通枢纽。除非德军从荷兰借道，否则就必须从列日城通过才能南下法国。列日城建在马斯河西岸，比河岸高出 100 米，马斯河正好成为天然的护城壕。

比利时国王艾伯特于 1914 年 2 月，亲自提名 63 岁的陆军大学校长勒芒将军担任第 3 师师长兼列日军事长官，并给勒芒写了一封私人信件，要他"坚守托付给你的阵地，死战到底"。西线德军由司令官冯·埃姆米希将军指挥，企图一举击败比利时边防驻军，取道比利时，向法国腹地推进。战争开始，德军进展很顺利，只用两大时间就突进了 50 公里，进抵比利时境内天险马斯河东岸。但随后的索姆河一战，双方伤亡多达数十万，而凡尔登一役伤亡竟在百万人以上。

德军总参谋长毛奇紧急召见德军西线部队第 2 集团军副参谋长鲁登道夫上校，面授机宜。鲁登道夫到达一线后，没有继续对要塞进行大规模进攻，而是使用两种从未露面的秘密特种攻城武器：一个是齐柏林飞艇。它由德国退伍将军齐柏林伯爵设计建造，内以金属枝条为骨架，外包织物蒙皮，再充进氢气。充气后的齐柏林飞艇，中腹溜圆，两端尖滑，容积约2万立方米，可包容一栋5层大楼，飞艇腹内可载大炮、机枪、炸弹和人员若干，每小时可飞行90公里，飞行高度可达3 000米。飞艇飞到列日城上空，满城的老百姓不知道这是何物，都出来看热闹。飞艇上的人员当即投下了一颗颗炸弹，并用机枪四处扫射。此后，齐柏林飞艇对城市进行了连续轰炸，给列日城市军民造成极大的心理震慑。

另一个是克虏伯巨炮。该炮在绝密情况下于1914年2月研制成功，其炮管内径420毫米，一次装药200公斤，可将一枚900公斤巨型弹丸抛至14公里以外。炮弹弹头又装有延时引信，待弹丸在重力加速度作用下穿透目标坚壳，钻入内层后，延时引信再引爆弹头，因而破坏力加倍。飞艇出动后，鲁登道夫又下令克虏伯巨炮开火。立时地面被炸出一个个几十米见方的大坑，沙尘溅得满天都是，其巨大的威力令比利时守军心惊胆战。随后，其猛轰列日要塞各堡垒，致使要塞终于在8月16日全部陷落。

列日之战终于以德军攻克列日要塞而告终，但德军在要塞前伤亡惨重，损失超过了4万人。比利时给予协约国的不仅仅是时间和战略上的胜利，而且是一个奋斗目标和榜样。比军反思，新式攻城武器——飞艇和克虏伯巨炮在城市要塞争夺中，发挥了重大作用，它们对比利时守军所发挥的巨大心理震慑作用，是德军最终拿下列日城及攻克周边堡垒的重要原因。

无独有偶。"二战"期间一次兵寡而刃利的奇袭——埃本·埃马尔要塞突袭行动堪称是历史的重现。1940年5月10日凌晨3时，德军代号为"花岗岩"的突击小队搭乘11架大型滑翔机，从德国奥斯特海姆机场飞向比利时埃本·埃马尔要塞。突击小队经过50分钟飞行，除1架掉队和1架提前降落外，其余 9 架全部降落到要塞顶部，69 名德军突击队员击溃十多倍于己的比利时守军，摧毁要塞上控制要道的炮塔，保障德军佯攻部队顺利通过大桥，成功吸引英法主力向法国北部调集。

德军突袭比利时埃本·埃马尔要塞行动，被美国前特种作战司令部司令麦克雷文（Mcraven）上将称为特种作战历史上最具决定性意义的一场胜利，其运用先进技术提升效果等做法，对现代条件下实施特种作战具有极为现实的借鉴意义。主要采用了两项新技术：一是滑翔技术。1933 年，德国人亚历山大·利皮施（Alexander Lipish）发明了大型滑翔机，很快被德国空军用于实战化研究。到 1939 年，德国已经生产出具有实战价值的 DFS-230 型滑翔机。但该型机不具备短距着陆功能，也从未在实战中运用过。为满足实战要求，突击队联系 DFS 公司对滑翔机进行了全面改装，确保滑翔机能迅速在规定距离上停止，同时还不会对突击队员造成危险。二是聚能爆破技术。这是由美国人查理斯·门罗（Charles Monroe）于 1888 年发明的聚能炸药改装而成，可使少量炸药产生极大的杀伤效果，对钢铁和混凝土具有巨大穿透力，并杀伤内部人员。为确保破坏效果，研究人员专门找到与要塞相似的堡垒进行实爆实测。这两项技术在当时都属于先进技术，在运用中存在极大危险性。但是突击队员做到了胆大心细，在反复训练中掌握了方法技巧。

正是这两项先进技术的运用，加上突击队员的较高素养，在突击过程中对要塞守军产生了极大心理震撼。事实证明，科学技术注入作战体系，能促进作战样式和作战方法的极大变革，尤其是与高素质的军人相结合时，就能产生极大的战场威力。

美国诗人惠特曼说："当失败不可避免时，失败也是伟大的。"如何面对失败的教训，是一种态度，也彰显一个国家、一个集体和一个人的智慧和格局。常言道，失败是成功之母。勇于审视失败，不断总结教训，才能最终找到成功的钥匙。

苏莱曼尼的最后时光

苏莱曼尼是伊朗伊斯兰革命卫队圣城旅前旅长，集军事、外交、情报等大权于一身，被外界赞为"中东谍王"，号称伊朗第二号人物。"中东之眼"网站详细披露了苏莱曼尼被杀事件的部分细节，这对我而言并不陌生。

2003 年 3 月 20 日凌晨，正当人们还在预测美军会在哪个月黑风高之夜袭击伊拉克时，2 架 F-117A"夜鹰"隐形战斗机从位于卡塔尔的乌代德空军基地起飞，穿透重重夜幕，直奔伊拉克首都巴格达上空，在伊军毫无察觉的情况下向萨达姆的临时住处发射了 4 枚"联合直接攻击弹药"（JDAM），从而拉开了伊拉克战争的序幕。面对这场"透明战场"和"直播战争"，我所在的比利时皇家高级参谋班 117 师学员在讨论中得出结论，美军这次出人意料的空袭所使用的手段正是其首创的，并在历次战争中屡建奇功的隐形化精确打击，美军精确作战的隐形化已经完全浮出水面。

毛泽东曾说过："战争力量的优势或劣势，是主动或被动的客观基础。"并举了一个生动形象的例子加以说明，"一个身体健壮者和一个重病患者角斗，前者便有了绝对的主动权"。伊拉克战争中，美军之所以能够始终全面控制战局，以小的代价取得战争的胜利，都是因为美军拥有精确作战的能力。

在世界军事变革大浪潮面前，一支军队如果不以精确作战作为推进军事变革、提高部队作战能力为目标，这支军队的建设就不是高标准的，这支军队就不是一支真正意义上的信息化军队，更谈不上在战场上战胜敌人。

精确作战随着政治目的的需要而不断完善。约翰·柯林斯在《大战略》

中说："摧毁敌人抵抗的决心比削弱敌人的物质能力远为重要。"从近几场高技术条件下的局部战争来看，未来精确作战的打击样式主要有节点破击、特种突袭和逐点剿灭等。

苏莱曼尼被杀事件则是典型的斩首打击。当地时间周三凌晨，苏莱曼尼从鞑坦之翼航空公司（Cham Wings）的航班走下来，踏上巴格达机场的停机坪。文章称，这是他们"理想的安全措施"。他们的行程从不事先通报，也不公开目的地，而且他们乘坐普通航空公司的航班。这次事件中，他们没有通过正规的渠道在机场检查护照，也没有使用智能手机，而且他们乘坐很普通的汽车，乘车人数尽可能少。总体来说，很难追踪他们。但大马士革和巴格达的机场到处都有亲美情报机构的眼线，因此他们被盯上了。

苏莱曼尼乘坐的车辆加速躲过一枚导弹，但还是难逃一劫。实际上，美军用无人机攻击他乘坐的汽车并不难，难的是如何掌握他的行踪，以及如何准确地识别登上汽车的人就是他本人，而这就非常考验美国在中东的情报侦察能力。此次定点打击的成功，显然是线人、信号情报侦察和网络等众多侦察手段共同作用的结果，其中线人发挥了关键作用。

大家知道，即便通过手机等系统进行定位，为防止错杀，也必须有更为可靠的方式进行确认。而在确认目标后，如何让无人机的操纵人员确认目标就成为关键。一个非常现实的操作是，由地面情报人员进行目标指示，使用肉眼无法看到的红外激光照射相关车辆。另一种方式是，实时向无人机传送目标坐标，由后者根据其位置信息锁定目标。不管哪种方式，地面情报人员提供信息都非常关键。

精确作战是一个不断发展的过程。随着信息技术不断发展，像战场精确侦察定位、精确指挥控制、精确火力打击等精确作战思想也必将得到更大的发展，特别是在作战目标的选择、隐形技术的使用、作战空间的延伸、战场的变化等方面具有明显的发展。

美国智库专家伊萨科维兹称："我们正接近'星球大战'，它已经不再只是电影中的一个画面。"2021年11月，美国空军部长签署命令，批准在印太总部建立太空军组成司令部，以进一步完善太空军组织架构，加速推动太空军战力生成并向战役层级延伸。

近期，美国智库新美国安全中心发布题为《"过半战争"——新美国战争样式下的信息和指挥》报告。该报告认为，利用中俄既想限制战争规模，又不得不在战争初期积极进攻对手信息和指挥系统，以确保胜利的矛盾心态，重点发展攻击中俄传感器和通信系统所需的概念和能力，削弱中俄可逆性网络攻击和非动能攻击的效能，尤其是在太空领域，从而将其逼入两难境地。我们可以发现，精确作战的太空化发展趋势已势不可当。

埃及著名军事统帅穆罕默德·阿里有句名言，"像蝴蝶那样飘动，像蜜蜂那样蜇人"，形象地说明了快速机动和精确破击对于作战的重要意义，同时也把战争的两个重要因素"时间和空间"形象地统一起来。

这启示我们，在现代战场上，通过利用空间实现大范围机动、借助快速精确在最短时间内破敌作战体系，在这一点上，还需进一步解放思想和行动。

群体思维 PK 群体智慧

美军印太司令部司令戴维森曾在一次记者招待会上坦言："据我对历史的了解来看，印太司令部面临的危险之一是陷入群体思维，每个人都同意每件事，没有讨论，没有异议，所以我很欢迎在印太司令部内看到热烈的讨论。"

事实上，戴维森所提到的"群体思维"和"随大溜"现象，在生活中非常普遍。20世纪50年代心理学家所罗门·阿希（Sulomon Asch）做了一系列实验后发现：实验对象中有很大一部分人会盲从多数人的观点，即便这个多数人的观点明显是错误的；群体在决策中有时为了维护群体和睦而压制异议，忽视并抵制少数人的观点。

一般情况下，集体决策因为能够集思广益，所以大多时候可以做出正确决策。然而不可否认的是，真理有时候掌握在少数人手中，如果对少数人的异议不进行科学论证，而是一味少数服从多数，则很可能陷入"群体思维"，造成决策失误。

以色列管理学家斯坦尔莫（Steinemore）在一次论坛上提醒参会的企业家：当由团队投票决定某一事项时，要防止跌入"群体迷思"陷阱，他们的解决办法是，优化决策体制，把对危险敏感的各类人引入决策层，更好地防止"随大溜"现象的发生。

"无异议时慎决策"，是美国通用汽车公司的一条规定。一次，该公司总经理见大家对某一新方案没有任何争议，就宣布休会，并将会期延长到能听到激烈辩论为止。

有趣的是，决策学中还有个"群体智慧"理论，说的是在众人参与的决策论证之下，看似杂乱无章的个体智慧得以聚合，偏见相互抵消，错误得到修正，最终呈现出惊人准确的标准答案，或者接近完美的智力产品。

1968 年 5 月，美国"天蝎"号潜艇在北大西洋失踪，由于对该潜艇最后一次联系后的信息获悉极少，军方在多次搜寻无果后陷入绝望。这时，一位名叫克拉文的军官提出一个与众不同的方案。在这个方案中，克拉文编写了一系列"天蝎"号可能发生事故的脚本，然后请一组具有不同知识背景的人以投注的方式给出自己的猜测。克拉文将所有猜测拼图后确定出潜艇的大概位置。当"天蝎"号被找到时，人们惊讶地发现，其沉没地点与拼图确定的位置仅相距 200 米。难怪，一位学者看到类似的事例感叹道："用好群众智慧，整个世界就是你的智囊团！"

西方理论家赫伯特·西蒙认为，所谓决策，就是对存在不确定性因素的备选方案做出选择的行为。既然决策离不开选择，那么选择力的强弱则更多体现决策者的智慧和智力水平。

战区作为战略方向唯一的最高的指挥机构，善用参谋智囊团队，只是为了更好地辅助决策，而最后拍板、最终决断，只能靠指挥员自主地分析与判断。

军事家劳伦斯曾说："当我做决策的时候，都是在充分研究所有相关的以及许多不相关因素之后，才能下定最后的决心。我对敌人就像对我自己一样了解。"各级指挥员对智囊团提出的各种主意、方案、计谋、策略等，如果缺乏科学的头脑，缺少识别力，缺失自己的主心骨，那么再好的主意也产生不出好的决策。

传统的指挥决策，更关注因果联系，比如，第一次世界大战中著名的"波斯猫晒太阳的故事"。通过一只波斯猫，德军分析它与法军高级军官和指挥所的关系，最终打掉了法军指挥所，击毙了法国将领。

现代的指挥决策，则要复杂得多。近年来，大数据和人工智能等高新技术不断推动战争算法进入新的高度。以美国为例，除运用新型算法从海量情报中快速获取战场情报外，美国国防部还计划依托算法为指挥员提供数据响应建议，希望在未来作战中减少人类判断的失误。2017 年 4 月 26 日，美国正式成立算法战跨职能小组（AWCFT），计划通过全新的算法和代码来改变未来战争的作战样式。其第一份算法武器，是用于无人机目标探测、分类和预警的计算机视觉算法，在分析处理全动态视频信息中为美军打击"伊斯兰国"等作战任务提供技术支持。2018 年 7 月，俄罗斯研制的人工神经网络全自动软件，能做到发现即摧毁。

随着人工智能及算法的进步，未来的计算机系统或将既精于计算，又善于算计，既能做计划、定方案，又能出战法、生谋略，是智能型军队必须抢占的制高点。比如曝光的美国 AI 间谍发起的宣传战，就是通过数据的积累、配对等方式，最终自主地决定对什么目标、运用什么手段、采取什么方式行动。

面对未来战场智能突出、智战凸显的特点，就要求指挥员决策时，既要借助"群体智慧"，也要防止"群体思维"陷阱，努力培育并力争做到众筹与众创并举，人脑与电脑并用，善谋与善断并重，才能在关键时刻洞察秋毫、精准施策、决战决胜。

美军比尔·欧文斯上将（Admiral Bill Owens）写了一本《揭开战争迷雾》，书中这样一句话值得记住："新一代军官能否成功，国家能否成功，取决于这些军官能否更好地认识、更彻底地理解信息时代，取决于他们能否果断摆脱工业时代陈规俗套的束缚！"

从一份认知分析报告说起

在比利时皇家高级国防学院图书馆里，我看到过这样一份案例：第二次世界大战期间，当形势转为对同盟国有利后，美、英、苏三国便商定开辟第二战场。然而，美方上层人物却对何时登陆意见不一。一派主张登陆宜早，即应让纳粹德国尽快地在欧洲两个战场上作战。他们强调，登陆最迟不超过 1944 年 5 月底。另一派则认为，最好在 1944 年 8 月以后。双方争辩的焦点是 5 月底前是否登陆，希特勒心理上能否承受。

为此，罗斯福总统在 1944 年 1 月初下令情报机构，在最短的时间内搞好一份有关希特勒心理分析的有说服力报告。情报机构不敢怠慢，马上组织最干练的间谍，特别是潜伏在德国高层的间谍参与这次行动。由于情报人员一贯注重收集敌方首脑个性特征的秘密情报，因此仅仅过了一个多月，即在 1944 年 2 月下旬，一份详尽完整的《希特勒性格特征及其分析》

的报告就摆上了罗斯福总统的办公桌。

这份报告显示，希特勒有严重的心理问题，主要表现为高度压抑、畸形虚荣、负担沉重、心理脆弱等。最后结论是，如果盟军在西线发动强大的攻势，那么希特勒在表面上，特别是在下属面前，仍会显出满不在乎的样子，但内心的虚弱肯定会大大增强。而且由于战火越烧越近，希特勒将无法像以前那样，通过在柏林午夜飞车来释放内心压力，这样心理负担必然会加重。盟军如果在1944年上半年发动大规模反击，希特勒将无法有效地指挥仍然忠于自己的百万大军。罗斯福仔细地将这份心理报告阅读了好几遍。最后，他决定同意美军在1944年上半年参加西线登陆战。

后来，我还接触过大量与此相类似的案例。海湾战争前，美国集中了多名心理学家，对萨达姆的认知域结构，包括起居生活、行为习惯等进行了长达8年的调查研究和深刻分析。每当萨达姆在电视讲话时，眨眼的次数达到每分钟15次以上，就表明此时萨达姆的心情处于烦躁不安的状态。通过长期细致入微的心理分析，把握了萨达姆疑心重、报复心强、情绪上喜怒无常等心理特点，并成功利用这种心理，散布谣言，诱使萨达姆怀疑身边的亲信，使其在战争开始前清洗了大批军官，达到了借刀杀人的目的。

1995年2月，美国为迫使海地临时政府交出政权，在进行了一周左右的军事威慑与外交斡旋都未奏效的情况下，美国政府采用了"电波武器"攻心战术。美国把攻击信息传播到海地当局领导人的电视荧光屏上，画面上显示一架架先进的美军战斗机正在海地上空盘旋，一艘艘美军战舰正向海地迂回包抄。在强大的心理震慑下，海地当局很快表示了投降……

随着战争形态的变革，现代战争的作战空间已形成物理域、信息域、认知域三大作战域，认知域成为大国博弈、军事对抗的终极之域。认知域作战通过特殊手段直接作用于大脑认知，以影响其情感、动机、判断和行为，甚至达成控制大脑的目的。大脑作为认知载体，或将成为未来战争主战场，制脑权即将成为认知域作战的关键所在，是战争制权的最高层次。

2021年哈萨克斯坦爆发大规模骚乱，美对哈年轻人实施认知精准化影响是重要的外部动因。2015年以来大幅增加哈赴美留学生数量，年均数量从1 000人上升至2 500人，特意量身打造"暑假工作旅行项目"等。此次暴乱中，哈年青一代喊出"老头，滚开！"，连续冲击阿拉木图市政府，其"积极"表现充分显现了美经营的"成果"。

不可否认的是，认知空间的博弈和对抗古已有之，几乎贯穿人类几千年战争史，我国古代称为"攻心术""心战"。在原始社会，部落首领通常利用击鼓的声音和踏步的曲调激励己方士气，从精神上震慑敌人。这可以说是认知域作战的雏形。冷兵器时代和热兵器时代初期，人们逐步认识到战争的正义性及人心向背等因素对战争胜败的影响，广泛采用发布战争檄文、战表、告示等方式来揭露敌人罪状，从而激发将士斗志，达到先声夺人的效果。

第二次科技革命后，广播成为重要的信息传播手段，认知域作战运用的渠道进一步得到拓展，英国广播公司和卢森堡的"战地之声"都曾发挥过巨大的攻心作用。第三次科技革命后，认知域作战不再单纯局限于以语音、文字等为载体的媒体宣传，可以运用影视图像、虚拟现实、认知控制等多样化的手段。现代认知域作战逐步高强度化、全方位化，大大提高了认知域作战的规模、水平和功效。通过替换人脸、使声音张冠李戴、让形象面目全非，在军事上实现"偷梁换柱""以假乱真"等兵家诡道之谋，更显奇效。

近年来，脑科学与人工智能技术发展呈跨界融合趋势，这是21世纪科学领域最突出的进展之一。在人工智能技术支撑下，人脑的无穷潜力将被开发出来，脑科学技术的发展有望催生出读脑、类脑、控脑、强脑等以大脑为直接目标的认知域作战新模式。近期，美国国防部高级研究计划局就实施了一项名为"阿凡达"的科研计划,旨在打造一支像电影《阿凡达》中那样用人脑远程控制的"生物机器军团"。

明白了上述这种杀机,我们是否会惊出一身冷汗呢?

也许有人会说,这哪里是传统战争的面孔呀!是的,在战争领域,如果说有什么亘古不变的真理的话,那就是变化。

后　记

　　赴法国和比利时留学，用两年零三个月的时间获得比利时皇家高级国防学院高级参谋硕士学位，这是我的一段刻骨铭心的经历，是我所走过的 30 年军旅生涯中感受最深、最令我难以忘怀的心路历程。虽然已经过去多年了，但每当我想起那段既艰苦又令人振奋的经历时，心情还是久久难以平静。

　　学成回国后，我没有马上动笔，因为我也不知道自己的文字表达能力是否能把我的真实感受都体现出来。因为当人的感受太深刻的时候，他是无法用语言来表达的。比如一个人在极度的喜悦或痛苦的时候，他只能用心灵去体验，而找不到恰当的语言来表述。同时，我也想让自己的感受沉淀一下，有些事情只有过了一段时间之后才能看得更加真切，理解也会更加深刻。

　　当前，出国留学的人越来越多，特别是国家在军队对外交流方面做了大量工作。每年都要向俄罗斯、英国、法国、德国等国家派遣军事留学生，这对改善我军干部结构，提高现代化指挥与管理水平发挥了重要作用。同时广泛开展军事理论、军事文化等方面的交流，更是推动了我军军事思想、作战理论的创新发展。我把这本书呈现给读者，通过这个窗口，读者或许能够对留学生的实际生活看得更加真切，从而增加对留学生们的关心、爱护和理解。这本书是我的一颗赤诚之心，我把它献给那些已经出国和准备出国留学的年轻朋友，真诚地希望你们艰苦奋斗，不畏艰险，勇于攀登，实现自己的理想。

　　现在，经过多年的辛勤耕耘和不懈努力，《西欧军事观察笔记》终于脱稿付梓了。"十月怀胎，一朝分娩"，是之谓也。这本不是什么大部头，只能算一本小书，一本通俗的书，但因经历的时间太长，自觉分量很重。此时此刻，我既感如愿以偿，又觉忐忑不安，虽然以勤补拙，对书稿进行了长时间的修改打磨，但书中难免存有许多疏漏和不当之处，恳请各位领导、各位战友和广大读者不吝赐教。

真诚地感恩时代、感恩军队、感恩组织，是时代给了我上军校的条件，是军队给了我出国深造的机会，是组织给了我增长才干和实现梦想的舞台。有所作为是人生的最高境界。当前，我国和人民解放军都发生了巨大变化，尤其近些年的国力军力快速发展令人倍感振奋，国际影响力与日俱增令人欣喜。作为一名老兵，希望本书能够在促进部队建设发展中尽到绵薄之力，愿为早日实现伟大的强国梦、强军梦再立新功。

衷心地感谢所有对我成书给予热情支持的亲人、领导和战友们。"初出茅庐入桂林，桂林无处不春风。水秀山青天下甲，文韬武略陆军营。继往开来传美德，长征接力育新人。刻苦高攀科学技，全心全意为人民！"这是当年祖父在我入军校报到时的临别赠言。在30年的漫漫军旅生涯中，它一直赋予我前行的不竭动力！

感谢维米尔、马克、保罗等比利时老师、同学和朋友给我的关心和帮助。感谢一起赴法留学的六名同学。感谢父母的默默奉献，感谢妻子友安和女儿婷婷，是他们给了我大力支持和鼓舞。

李长庚

2024 年 3 月于广州